緑

松本山雅FCプレミアム
2018シーズン総集編

ELGOLAZO BOOKS

大枝令/飯尾和也

松本山雅FCプレミアム

はじめに――信州の「熱源」に魅せられて

松本山雅FCの2018年は、クラブ史に残るシーズンとなった。Jリーグでの初タイトルと4年ぶりJ1昇格。この書籍では、クラブ公式有料コンテンツ「松本山雅FCプレミアム」の中から記事をピックアップし、加筆修正を加えてシーズンを総括していく。シーズンを再構成していく作業は、J2制覇に至るまでの波乱万丈かつ甘美な記憶を追体験しているようで、当時の感情を呼び起こされた。

少しだけ、個人的な昔話をしたい。初めて山雅の取材をしたのは2009年、JFL昇格を果たした全国地域リーグ決勝大会だった。高校サッカーなどでそれまで何度もアルウィンに足を運んでおり、閑散とした観客席が当たり前だと思っていたのがかえって良くなかった。当時は北信越リーグだったのに、スタジアムはまるでJリーグの試合を上回るような熱気が充満していた。ここを熱源にして、信州のスポーツシーンは一変するはずだ――。当時県内の新聞記者だった自分はそう直感し、定期的に山雅の取材をするようになった。

2012年にJ2に初参戦したとき、開幕戦の東京ヴェルディ戦でJリーグの壁の高さを見せ付けられた。その後もどのチームと当たっても格上で、簡単なゲームは1つもなかった。その中で濃密な日々を積み重ね、

14年に初のＪ１昇格。だが、翌15年に感じたＪ１の壁は、Ｊ２のそれとは比べ物にならないくらい高かった。このシーズンに退社してフリーランスとなり、専門誌など各種媒体で原稿を書くようになったが、ずいぶんと筆は重かった。

その翌年から「松本山雅ＦＣプレミアム」のコンテンツプロデュースに関わらせてもらうようになり、編集長という肩書きをつけてもらった。いわゆる「中の人」になったわけではないとはいえ、ここからは山雅を客観的に「評価する」のではなく主観的に「応援する」立場だ。ただ、誰がどう見てもダメなものを無理やり持ち上げても読者の皆さんには響かない。無防備な背後から刺すようなマネはせず、なおかつ前向きな応援に繋げていく…という微妙なさじ加減を意識しながら飯尾和也氏とともに3シーズンを過ごしてきた。

この3年間は大きな喜怒哀楽があった。ただ、かつての自分が直感した以上に、現在の山雅は信州という枠を飛び越えて一つの大きな「熱源」となっているのは疑いようがない。そして激動かつ大団円で終わった２０１８年の記録がこうして書籍に残るのは大きな喜びでもある。自信を持って世に送り出したコンテンツの中から、選りすぐりのハイライトでシーズンを追体験してもらいたい。

松本山雅ＦＣプレミアム編集長　大枝 令

松本山雅ＦＣ、
Ｊ２初優勝の軌跡

節	日付	対戦	結果
第38節	10.21.	vs 岐阜	0△0
第37節	10.14.	vs 金沢	2○0
第34節	09.23.	vs 熊本	2○0
第35節	09.30.	vs 山形	3△3
第36節	10.06.	vs 愛媛	0△0
第26節	07.29.	vs 甲府	1○0
第25節	07.25.	vs 大宮	2○1
第24節	07.21.	vs 京都	1○0
第23節	07.16.	vs 岡山	0△0
第18節	06.09.	vs 京都	1○0
第19節	06.16.	vs 大分	1●4
第20節	06.23.	vs 千葉	4○2
第21節	06.30.	vs 熊本	3○1
第22節	07.07.	vs 新潟	2○0
第6節	03.25.	vs 山口	2△2
第5節	03.21.	vs 町田	1●2
第4節	03.17.	vs 岡山	1△1
第3節	03.11.	vs 東京V	1●2
第2節	03.03.	vs 新潟	1△1
第1節	02.25.	vs 横浜FC	0△0

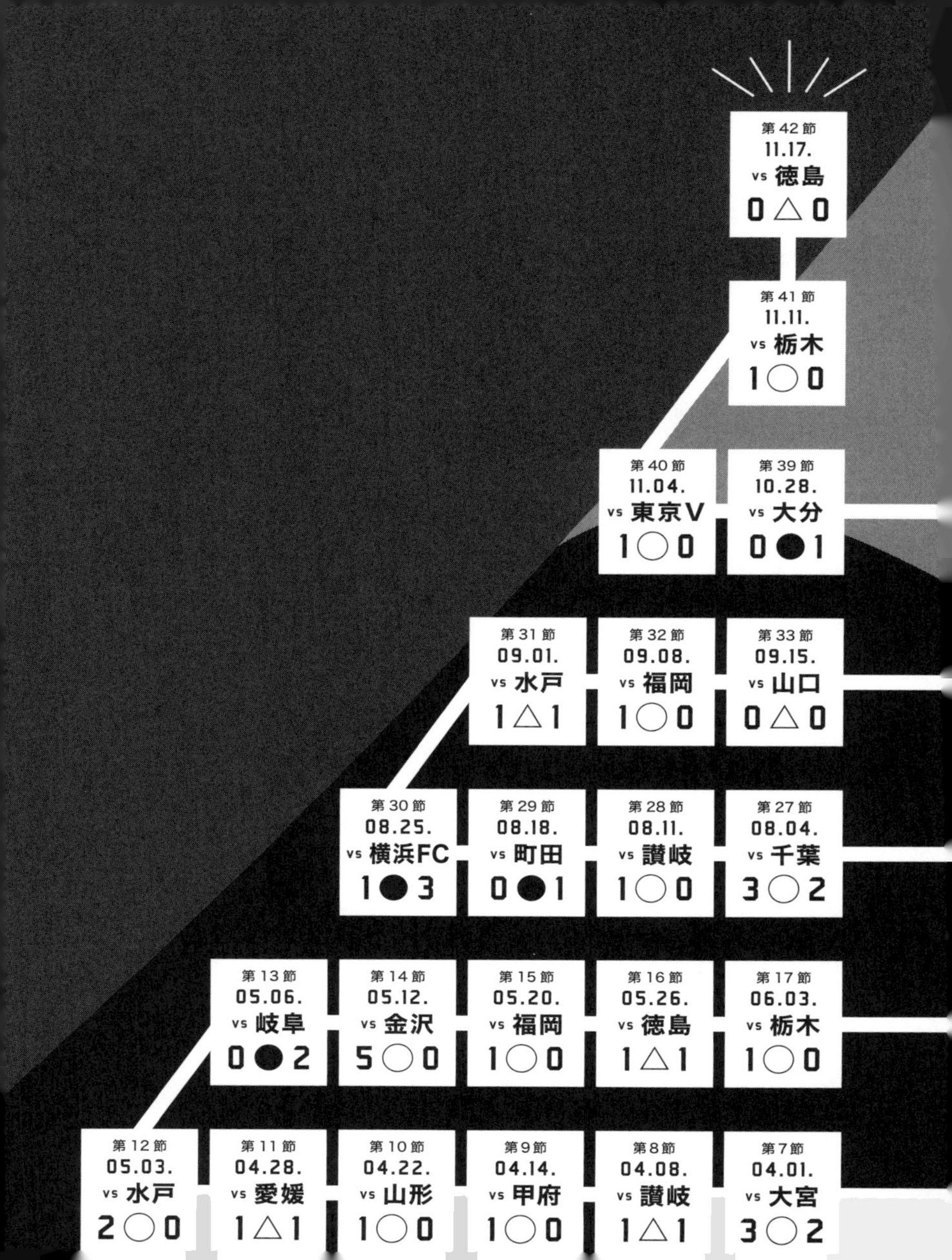

第42節 11.17. vs 徳島 0△0
第41節 11.11. vs 栃木 1◯0
第40節 11.04. vs 東京V 1◯0
第39節 10.28. vs 大分 0●1
第31節 09.01. vs 水戸 1△1
第32節 09.08. vs 福岡 1◯0
第33節 09.15. vs 山口 0△0
第30節 08.25. vs 横浜FC 1●3
第29節 08.18. vs 町田 0●1
第28節 08.11. vs 讃岐 1◯0
第27節 08.04. vs 千葉 3◯2
第13節 05.06. vs 岐阜 0●2
第14節 05.12. vs 金沢 5◯0
第15節 05.20. vs 福岡 1◯0
第16節 05.26. vs 徳島 1△1
第17節 06.03. vs 栃木 1◯0
第12節 05.03. vs 水戸 2◯0
第11節 04.28. vs 愛媛 1△1
第10節 04.22. vs 山形 1◯0
第9節 04.14. vs 甲府 1◯0
第8節 04.08. vs 讃岐 1△1
第7節 04.01. vs 大宮 3◯2

松本山雅ＦＣ　２０１８シーズン　メンバーリスト

Pos	No	選手名	出場試合数	得点数	備考
GK	1	守田 達弥	39	0	
GK	16	村山 智彦	3	0	
GK	21	鈴木 智幸	0	0	
GK	30	ゴ ドンミン	0	0	
DF	2	浦田 延尚	30	2	
DF	3	田中 隼磨	23	2	
DF	4	飯田 真輝	41	3	
DF	18	當間 建文	5	0	
DF	22	星原 健太	0	-	→３月に群馬へ期限付き移籍
DF	27	アンダース アプリン	0	-	
DF	29	下川 陽太	11	0	
DF	31	橋内 優也	34	0	
DF	33	安川 有	5	0	
DF	34	ジョ ジヌ	0	-	
DF	35	森本 大貴	0	-	→６月に相模原へ育成型期限付き移籍
DF	36	武藤 友樹	0	-	
DF	50	今井 智基	7	0	
MF	5	岩間 雄大	34	1	
MF	6	藤田 息吹	38	1	
MF	8	セルジーニョ	33	11	
MF	10	工藤 浩平	12	0	→７月に千葉へ完全移籍
MF	13	中美 慶哉	22	0	
MF	14	パウリーニョ	21	3	
MF	17	志知 孝明	1	0	
MF	20	石原 崇兆	41	2	
MF	23	岡本 知剛	11	1	
MF	25	前田 直輝	16	3	→７月に名古屋へ完全移籍
MF	32	安東 輝	1	0	
MF	37	山田 満夫	0	-	
MF	47	岩上 祐三	38	5	
FW	7	前田 大然	29	7	
FW	9	高崎 寛之	41	7	
FW	11	三島 康平	2	0	
FW	19	山本 大貴	14	0	
FW	38	永井 龍	24	3	
FW	39	小松 蓮	0	-	
FW	49	ジネイ	4	1	
監督		反町 康治	42	-	

3 首位奪取／2018シーズン中盤戦

4 登頂成功／2018シーズン終盤戦

5 2018シーズン総括

3
HTK

Pre-season 1

期待と不安のプレシーズン

ゼロからのスタート
その現在地は

編集長Column

7年目の続投を決めた際、反町監督は「ゼロからのスタート」と口にした。慎重派の指揮官にしては、ずいぶんと強烈なメッセージだ。24日間にわたるキャンプで、そのキーワードは果たしてどのように具現化されていくのか。選手の頑張りに寄り添っていく傍らでそういった視点も持ちながら、メディア陣の中でただ1人全日程の全練習を取材した。

もちろん答えが出るのはシーズンが終わってからだが、結果

から言えば現時点ではうなずける部分が少なからずあった。まずは全体的な強化スケジュール。フィジカル、守備、攻撃の順に落とし込んでいく大枠のアプローチ自体は例年同様だが、攻撃に移行するタイミングが明確に早かった。初の実戦形式を行ったのは御殿場キャンプ第3日。以降も紅白戦を何度も取り入れており、その回数は明らかに例年より多い。そして3日間みっちり2部練習をして1日オフ、という「メリハリ」を効かせる御殿場での取り組みも初め

て。オフ明けには異例の3部練習を入れる日もあった。

紅白戦や練習試合で採用していた陣形も、昨季まで慣れ親しんだものとは違う3－1－4－2。中盤の底にアンカーを置いて2トップにするシステムで、タレント豊富な前線の選手を生かそうという意図が明確に見て取れた。それと同時に、ビルドアップの手法もより流動的にマイナーチェンジ。攻撃練習を重視していた清水キャンプ中、岩間は「より早い判断と個人の技術が必要。だいぶレベルが高いことをやろうとしていると思う」と率直な印象を明かしていた。

こうした背景にはもちろん、選手個々のクオリティー向上がある。今季は大胆な補強策に打って出て、リーグ屈指とも言える陣容をそろえた。紅白戦や練習試合のオーダーに目をやると、昨季まで疑う余地なく主力だった選手たちも激しいチーム内競争にさらされているのがわかる。昨季チーム最多の19得点を挙げた高崎も例外ではない。2トップへの順応に悩みつつ、「やれるメンバーだと（監督が）思っているからやっているわけであって、自分なりにいい形を探していかないと」と危機感を募らせている。

選手に対するアプローチも、特にキャンプ前半は昨季までと異なっている印象だ。トレーニングのルールや約束事がおぼつかない若手を叱咤するのは同様だが、ベテラン陣に対しても檄を飛ばす場面が何度も見られた。取材していた範囲では、文句の付けようがなかったのは田中くらい。さらに、若手への接し方に話題が及ぶと「何とかする」「今年は若手を育てつつうまくやらないといけないのは明白。我慢強くやっていくシーズン」と口にしていた。「今年は調子のいい選手を使っていく」という言葉も、現時点ではその通りになっていた。7日にJ3沼津と行った練習試合では1本目に武藤と岡本を抜擢。14日に急きょ組んだ東海大学熊本との練習試合は、昨季までの3－4－2－1を部分的に取り入れたり多彩な組み合わせを試した。「頭のいい選手が多いから（練習を）圧縮してやれている」という言葉は、強がりでもリップサービスでもないだろう。

肝心の新戦力も、ここまではスムーズに適応できている。かつて在籍した前田直や岩上は勝手知ったるもので、大阪商業大4年の昨季に特別指定選手だった下川もすんなり順応。初顔合わせのメンバーに対しては既存の選手から積極的にコミュニケーションを取っており、橋内は「2年目だし、去年一番出ていたということはそれだけ責任もある」と話す。それだけでなく、「しゃべりやすい選手にばかり行くと偏ってしまうので、その部分にも気を付けている」と細部にまで気を配る。

こうして、ゼロからのスタートを切った今季の山雅。さまざまな変化を飲み込みながらシーズンを迎える。

そして今季の山雅には、もう1つの軸となるキーワードがある。「若返り」だ。こう聞いて、心が穏やかでいられるベテランはおそらく数少ない。自らの選手生命が長くは残されていないことを知りながら、なお加齢に抗って体にムチを打つ。古今東西、力量が同じなら若い選手が起用されるもの。だから彼らがピッチに立つためには、年齢を重ねた分だけなお努力が求められるのだ。

こうした状況下にあって、なお極星のように輝きを放つ選手がいる。チーム最年長の田中隼磨だ。昨季と比べて強度を増したキャンプを1コマも欠けることなく全て消化しただけでなく、走力を数値化するYO－YOテストではチーム3位のスコアをマーク。シャトルランでは常に前田大、志知、下川らとともに最も設定の厳しいAグループに入っていた。

そんな田中だが、今季は練習中の振る舞いに変化が見られる。例えばシャトルランのとき。自らが一番キツいはずなのにむしろ笑みを絶やさず、物静かなタイプの志知に向かって「（声を）ちょうだい！」とけしかけて場の盛り上げに一役買う。そうした変化の真意を尋ねると、「自分たちが若かった頃と今の若い選手は立場も状況も性格も違う。本当はこっちから気を遣うのは嫌だけど、今年はアプローチを変えようと思いながら行動している。いいのか悪いのかはわからないけど」と話してくれた。高崎も飯田も同様だ。

若手は彼らベテランの思いを意気に感じて濃密な日々を積み重ね、山雅の象徴とも言うべき先輩の背中を超えていく必要がある。

もちろんそれは当の本人たちにも響いており、必死に牙を研いでいる。中でも下川は昨季にも特別指定選手としてピッチに立っており、ひときわ鼻息が荒い。「大卒4人で切磋琢磨していければと思っているが、あくまでもライバル。若いけどチームも引っ張っていきたいし、今年は去年より活躍しないといけない」。実戦形式の練習だと武藤とマッチアップすることが多く、「絶対に負けないようにバチバチやっている。ハユさん（田中）にも負けず、むしろ『チンチンにしたろう』というくらいの気持ちでいる」と力を込める。

「超えてみろ」と雄弁に語る背中。

「超えてやる」とたぎらせる闘志。

どちらも等しく美しく、そのせめぎ合いは間違いなくクラブの未来を左右するだろう。

ALPICO
HTK

EPSON
4
14
19
Amen

試行錯誤／2018シーズン序盤戦

2

第1節
〜
第14節

MATCH REPORT

山口	－	松本
2		2

PICK UP GAME 1

J2第6節 **2018.3.25.**

維新みらいふスタジアム／6,318人

得点　【松】高崎（45+1分）岩上（73分）
　　　【山】オナイウ（90+1分）前（90+2分）

警告　【松】飯田、パウリーニョ

6戦未勝利 大ブレーキの船出

文・大枝 令

スタートダッシュを狙ったはずが、まさかの大ブレーキ。3分2敗で臨んだアウェイ山口戦は、2ー0とリードしながら終了間際に2失点。出口の見えないトンネルに迷い込んだ。

終了間際にまさかの2失点 初白星スルリ

山雅は2－0の後半アディショナルタイムに2失点を喫し、目前に迫った今季初勝利を取り逃がした。前半から硬軟織り交ぜた攻撃で相手ゴールに迫り、迎えたアディショナルタイム1分。パウリーニョの縦パスが起点となり、連係で崩した高崎の今季初ゴールで先制した。後半もほぼ一方的に試合を運び、73分には高崎が起点となってセルジーニョに繋ぎ、フリーの岩上が鮮やかに追加点。しかしこのまま試合をクローズしようとした矢先に暗転した。アディショナルタイム1分に1点を失うと、わずか1分後にも同点弾。白星を取り逃がし、これで0勝4分2敗の勝ち点4。順位は20位となっている。

「春到来」目前で暗転 未勝利の苦境続く

勝利の女神はとことん冷ややかだ。

山雅はリーグ最多12得点を挙げている山口の攻撃陣をきっちり抑え込んでチャンスをつくらせず、逆に多彩な攻撃で相手ゴールを脅かし続けた。73分までに2ゴールを挙げ、後半アディショナルタイムに突入。今季初の複数得点を挙げ、このまま開幕戦以来の無失点で今季初白星を手中に収める…はずだった。

だが、そこからまさかの幕切れが待っていた。まずはアディショナルタイム1分。ゴール前で山口FWオナイウ阿道にキープされ、鋭い反転からのシュートで失点した。マークについていた飯田は「失点は完全に僕のところ」。この1点で息を吹き返した山口はさらに攻勢を強め、1分後に同点ゴールを奪われた。

悪夢再び——忌まわしい記憶が甦る。山口は、昨季第34節に2－0から終盤の3失点でまさかの逆転負けを喫した相手だ。その後も冷や汗をかかされながら、試合終了のホイッスルが鳴る。高崎は待望の今季初ゴールを挙げたものの、「去年のように2－0からやられたし、あと5分くらいあったら逆転されていた」と険しい表情。逆転されなかっただけよかったと捉えることもできるが、明らかに敗戦に等しいドローだった。

山雅は4日前の町田戦から先発4人を変更した。開幕戦以来のケガからの復帰となる藤田をボランチの一角に据えたほか、シャドーに前田直とセルジーニョ、左ウイングバックに下川を起用。「出るからにはベストを尽くさないといけないし、個人的なコンディションとしてはベストを出せている」とセルジーニョが代弁するように、フレッシュな顔ぶれが核となって好調・

山口から常に先手を取っていた。

右ウイングバックの岩上は3連戦ともフル出場し、この日の追加点も含めて2得点。「個人的には悪くないし2ゴールも挙げられている。今はフィーリングが良くてシュートも入る気がしている」と言う。左の下川は「いい感じにプレスがかけられたし、後半は向こうが引いてきたので先手を取れた」。前田直も華麗なマルセイユルーレットを披露するなど、個々としても組織としても躍動感を持っていたのは明らかに山雅だった。

それなのに、なぜ。パウリーニョは「きょうの試合を説明する言葉が見つからない」と肩を落とす。期待に満ちあふれていた開幕前、果たしてこの苦戦は予期できただろうか。飯田は「全く思っていなかったし、今年の方が去年より難しくないと思っていた。何かがほんのちょっと足りないのかもしれないが、何が足りないのかがわからないくらいやれてはいる。でも勝っていないので何かがあるんだと思う」と話す。

悪くはない、でも勝てない。

原因は何か、判然としない。

勝利の女神よ、どうか山雅に、微笑みを――。

故障明けの藤田 開幕戦以来の実戦復帰

頼れるボランチがピッチに戻ってきた。開幕戦とその直後に左脚の2カ所を肉離れして戦線離脱していた藤田が、この日は先発フル出場。「自分に求められているのはハードワークなので、その部分を出そうと意識した」と、攻守に効力を発揮した。

持ち前のボール奪取能力をいかんなく披露したほか、機を見た縦パスも効果的。ただ、チームとしては未勝利の苦しい状況が続いており、「相手どうこうというよりは自分たちに原因があると思う。サポーターと一丸となって戦っていきたい」と言葉を絞り出していた。

松本	―	大宮
3		2

PICK UP GAME 2

J2 第7節 **2018.4.1.**

松本平広域公園総合球技場／ 15,871 人

得点 【松】石原（25分）パウリーニョ（33分）セルジーニョ（47分）
【宮】大前（67分）シモヴィッチ（87分）

警告 【松】セルジーニョ
【宮】マルセロ

アルウィン開幕戦
待望の初勝利

文・飯尾 和也

6連続遠征を終え、ようやく迎えたアルウィンでのゲーム。J1昇格を争う難敵・大宮を迎えた一戦は、3－2で逃げ切り勝ち。課題は残ったが、白星は何よりの良薬となった。

待ちに待ったアルウィンでの開幕戦。リーグが開幕して6戦勝ちがない状態で迎えるとは思っていなかったが、前向きに考えればここからが本当のスタート。「ここで勝てば波に乗れる！」と希望を持ってアルウィンに足を運んでくれたサポーターの皆さんも多かったと思うし、選手もここをキッカケにしたいと言う思いは強かっただろう。

そして昇格を争うであろう強敵・大宮を相手に3－2。最後はヒヤヒヤさせられたが、待望の今季初勝利を手にした。ピッチ内でどのような駆け引きが行われており、山雅はどのように大宮を攻略したのか。その部分をひも解いていく。

背後とバイタルエリアを使い 大宮を攻略

試合のポイントは「ミスマッチ」。試合後の反町監督も実際、「向こうとのミスマッチの部分をどう突いて、どう解消するかが攻守におけるテーマだった。ミスマッチの部分を突いて得点したところはよかったと思う」と振り返った。これはどのような意味だろうか。

大宮のフォーメーションはボランチ2人を置くオーソドックスな4－4－2、山雅は3－4－2－1。簡単にポイントを説明すると、攻撃におけるミスマッチを生むカギは2シャドーだっ

た。この試合で言えばセルジーニョと前田大。2人がDFラインの背後もしくはセンターバックと2ボランチの間（バイタルエリア）でボールを受けることができるか。そこで前を向ければ、自然と大宮の守備組織は密集するためサイドが空く。3ゴールのうち、流れの中から奪った2点は見事にその弱点を突いた形だった。

まずは25分、石原のゴールから振り返っていこう。右サイドの岩上が高崎にロングフィードを入れると、高崎は近くにポジションを取っていた前田大に胸でパス。前田は前を向いてドリブルで運ぶと高崎に再びパスを送った。この局面で見逃せないのが、セルジーニョの背後へのランニングだ。これによって相手の右サイドバック奥井諒を引き付けることに成功した。

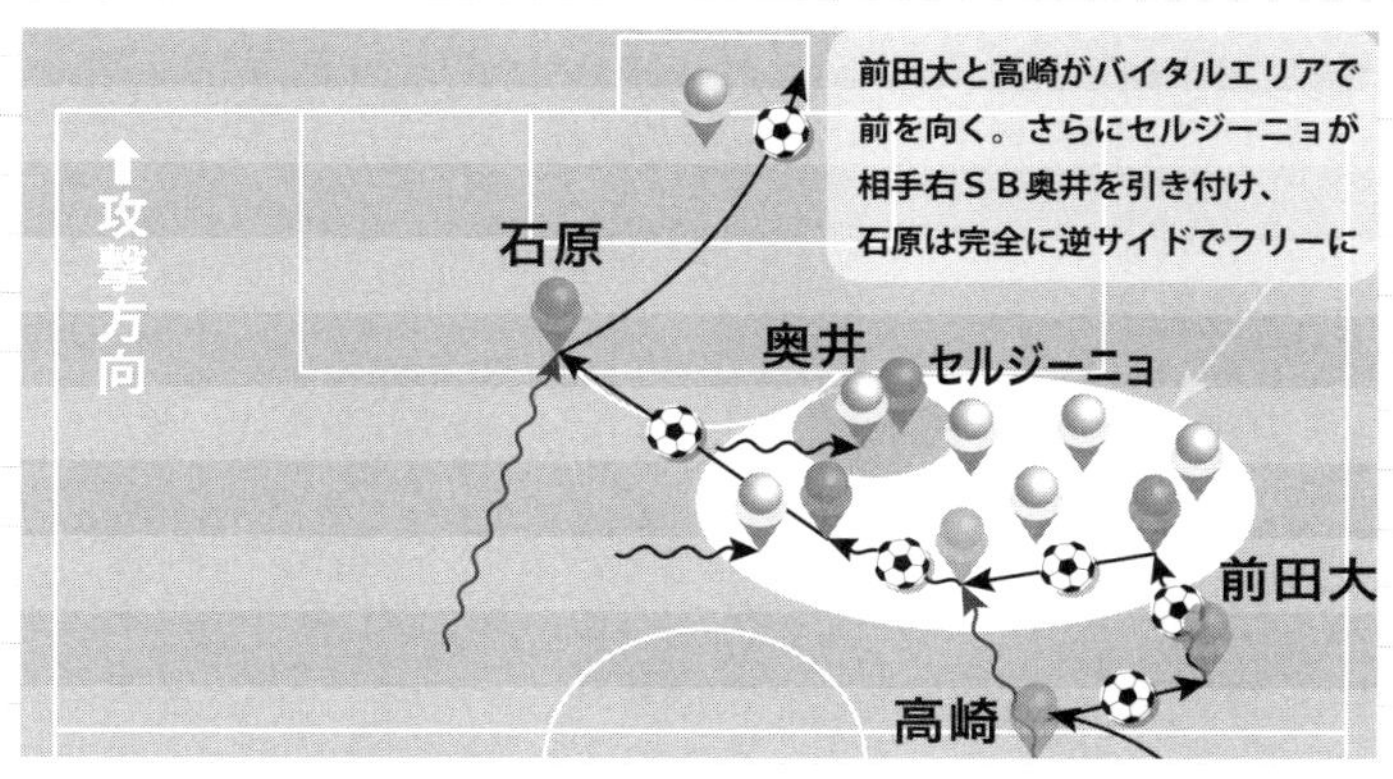

25分、フリーの石原が先制点を決める

ボールを受けた高崎はフリーで走り込んだ石原にラストパス。石原が冷静にゴールを決めてみせた。バイタルエリアで前田大が前を向いて人を密集させたうえセルジーニョは背後を狙うため、相手のサイドバックは付かざるを得ない。そして見事に石原がフリーになる状況をつくり出すことに成功。理想的な「４－４－２崩し」で先制点を生んだ。

3点目 浦田のオーバーラップも伏線に

後半開始早々の追加点も、起点はやはりバイタルエリア。こぼれ球をパウリーニョが前線の前田大へ送ると、高崎、セルジーニョとパス交換してボールを受けた藤田が左サイドの石原へ展開した。

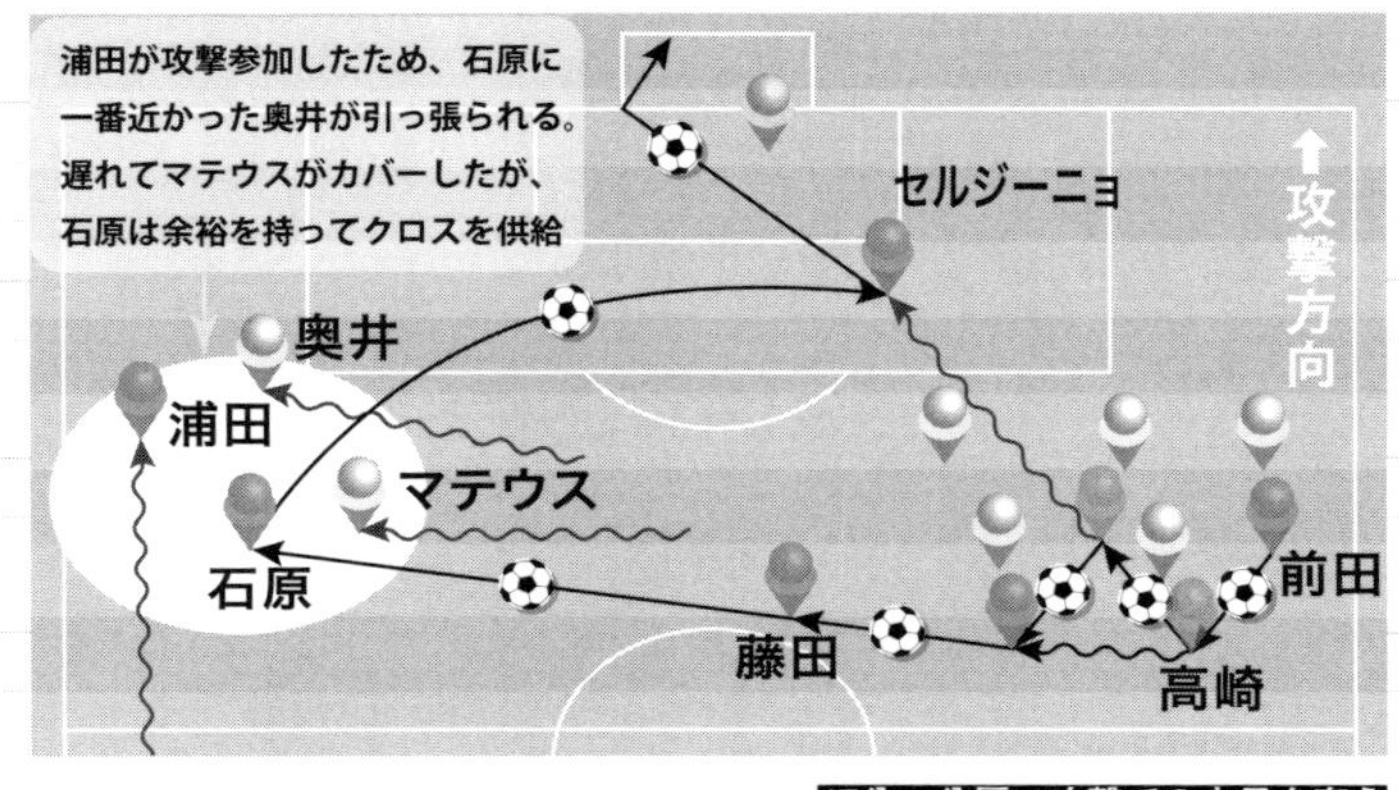

47分、分厚い攻撃で3点目を奪う

このとき大宮の守備は、通常なら右サイドバック奥井が石原に対応する場面だった。しかし浦田がオーバーラップしてきたため奥井は浦田を、マテウスが石原を見る形にした。そこで大宮にちょっとした後手を踏ませたため、石原には余裕を持ってクロスを上げるだけの時間が与えられた。そのクロスがセルジーニョに渡り、見事にゴールを仕留めた。

1点目同様にバイタルエリアでボールを収めて高崎、セルジーニョ、前田大が近い距離感でスムーズにパス交換して相手を密集させ、逆サイドに展開。そこから再び中央へ…と大宮のディフェンス陣を揺さぶった。それに浦田も加わる分厚い攻撃。これも相手を踏まえた上できっちり攻略することに成功した、素晴らしい

ゴールだった。

守備に関しても、ほとんどの時間はチームとしてミスマッチに対してうまく戦えていた。ただ、反町監督が「最後のところの我々の対応であるとか、少し今まで見られないようなところがあるので、それは何とかしないといけない」と言う通り、リードを奪ってからの対応には課題も残した。前節の山口戦同様、相手がロングボールを放り込んで来た中での2失点。これは明確な課題として次戦以降に繋げていかなくてはならないだろう。

反省はしなくてはならない点もあるが、勝ち点3を取ることが重要だった試合でどんな形であろうと手にした勝利は大きい。後半アディショナルタイムに大宮にも最大の決定機があったにも関わらず逃げ切れた。反町監督が「最後に『One Soul』コールまでして頂いた皆さんの気持ちが乗り移った試合だったと思うし、それがそのまま勝利という結果に繋がった。見捨てないで応援して頂いたことを本当に感謝している」と言うように、サポーターの「絶対に勝ちたい！」という気持ちは選手にヒシヒシと伝わっていたと思う。全ての気持ち、目に見えない力がゴールを外させたと僕は思う。

この試合を制し、アルウィンで勝つイメージができたこともとても大きい。キッカケをつかんだことで、勝てていなかった間も悪くなかった選手のパフォーマンスはより上がってくるはずだ。アルウィンで勝ち続ける準備が、間違いなくできた一戦と言える。

Talk of

a Soldier of Gans and Corazon

前田大然 × 飯尾和也

足が速いのは昔から。
運動会の徒競走でも負けたことはなかった

DAIZEN

和也　今回の対談ゲストは、皆さまお待ちかねの前田大然選手です！昨季は期限付き移籍先の水戸で13ゴールを挙げて注目を集め、1回りも2回りも成長して帰ってきてくれました。今シーズンも試合に絡んで攻守にそのポテンシャルを発揮している大然と、2年ぶりに腰を据えてじっくり対談！実感している成長や今季これまでの手応え、そして気になるプライベートも…ざっくばらんに聞いていきたいと思います。よろしくね！

大然　よろしくお願いします。

水戸で大きく成長 山雅でのゴールを渇望

和也　まずは早速、山雅に帰ってきて最近は試合にも出ているけど、率直に自分自身としての手応えはどう？

大然　うーん…ゴールが欲しいですね、まだ取れていないので。どれだけシュートを打っていても、やっぱりFWなのでゴールがないと評価されないですから。

和也　惜しいシーンはたくさんあるし、1回取れればグッと乗ってきそうな感じもプンプンするんだけどねー。でも大然がスタメンの試合ではチームとして結果も出ているし、役割を果たせているんじゃない？ディフェンス面の貢献度ものすごく高いと思うよ！

大然　それは貢献できているかなと思いますけど、一番はやっぱりゴールなので。先発して試合には勝っているけど、その半面、悔しい思いもあります。

和也　やっぱりストライカーとしては、何よりもゴールってことだよね。でも、高卒1年目だった2年前よりもプレーの余裕とかが全然違うように感じるけど、そこらへんの手応えはどう？

大然　そうですね、自信を持ててやれているので、それが一番大きいのかなと思っています。

和也　体つきもたくましくなったように見えるけど、水戸で筋トレもしていたの？

大然　結構やっていましたね、体幹も含めて。試合に出るときはあんまり追い込むなとは言われていていてメンバーに入っているときは控えめにしようかなと思っていましたけど、2日に1回とかのペースでやっていました。でも「軽めにしとけ」って言われても、ついつい結構ガッチリやっちゃうんですよね。上半身も下半身も。

和也 スピードとかキレのある選手だと筋肉をつけるのに抵抗がある選手もいるじゃない？重くなるからっていう理由で。俺はセンターバックだったしそういうタイプじゃないから、実感としてはわからないけど（笑）。

大然 自分の場合はそういうのはないです。よく聞きますけどね。クリロナ（クリスティアーノ・ロナウド／レアルマドリード）とかを見れば、あれだけ筋肉があってもしっかり動けていますし。

和也 なるほどなるほど。（相手ＤＦ）背負う力とか、そういう部分が久しぶりに見て全然違うなと感じたんだよ。体の入れ方とかも関係しているのかもしれないけど、背負ったときの強さも増したんじゃない？

大然 そうですね。得意なプレーではないですけど、前よりは自信を持ってやれるようにはなりました。

和也 じゃあ一概には言えないかもしれないけど、大然の場合だと筋トレは試合に出続けていてもやった方がいいのかな。

大然　俺の場合はそう思ってやっています。そこらへんは感覚の世界ですね。ヘタクソなんで、そういう本能的な部分を失ったら終わりだとも思っていますし（笑）。

和也　でも本当にピッチを縦横無尽に走り回って、ガツガツ前からプレッシャーをかけているじゃん。水戸では2トップの一角だったけど、山雅に戻ってきたら今のところはシャドーだよね。役割も違うと思うけど、その辺はどう感じているのかな？

大然　うーん…やっぱり、やることが多いですね。それは水戸に行って改めて思いました。最近タケさん（武井択也／2016～17年山雅に所属）と話す機会があって、それくらい経験のある人も同じことを言っていたのでよっぽどなんだろうなと思いました（笑）。でもプロ1年目でそれを経験できたので、2、3年目はそんなに気にせずできるようになりました。

和也　経験して成長したっていうことだね。去年水戸で監督をしていた西ヶ谷（隆之）さんはどういうタイプだった？俺、一緒にプレーしていた時期があるんだけど、選手時代は「ちょっと不思議なタイプだなー」って思ってた（笑）。

大然　変わっていますよ、ソリさんに似ているのかな…サッカーオタクみたいな感じで（笑）。戦術の引き出しも少ないわけじゃないし、細かい部分もありましたね。

和也　プロで最初の監督がソリさんっていうのも、なかなかハードルが高いんじゃない？　高校までには言われないレベルの細かい部分を指摘されたりもしたでしょ。

大然　でも、1年目がソリさんでよかったと思っています。

強靭なメンタル　年代別代表でも刺激

和也　みんな期待しているからね、大然に！　今はまだ公式戦でのゴールがなくてうまくいっていない…って思っているかもしれないけど、そういう時のメンタルコントロールはどうしているのかな。イヤなイメージを引きずったりはしない？

大然 うーん、試合をあんまり覚えてないんですよ。ゴールを取ったシーンくらいしか覚えてなくて、ほかの選手に「このシーンはこうこうこうで…」って言われることもよくありますけど、覚えてないっていう（笑）。

和也 ナチュラルに忘れられるタイプなんだね（笑）。でも、試合は映像で見直すんだよね？

大然 はい、見ます。あとは「こうしてシュートまで持って行った」とか、いい感触は覚えていますね。ミスは…めちゃめちゃすごいのをしたら覚えていますけど、あとは忘れます。

和也 いい性格だよ、向いてる。

大然 まあでも、それはポジションにもよるんじゃないですか？

和也 その側面はあるかもしれないけどね。基本的には引きずらないタイプの方がいいよ、忘れるのも大事な能力だから。あとは、シュートを打つときに気を付けていることとか意識していることはあるの？

大然　本能的にやっていますかね。だいたい考えてないときの方が入ったりするんです。去年も「狙っていないのに入った」みたいなパターンが多くて、逆に「ここに決めるぞ！」ってなったときの方がGKに止められたりしていました。ゴールを取れているときは勝手に体が動いているんです。

和也　なるほどなるほど。じゃあ、水戸のときのその感覚をまた呼び戻してほしいよ。

大然　去年は第2節で取れたんですけど、ホンマに取れるときは取れるという感じなので…。

和也　まずは1点だね。あとは年代別代表についても聞かせてほしいな。1月に初招集されたときはケガで途中離脱しちゃったけど、今回のパラグアイ遠征ではしっかり点も取ってアピールできたんじゃない？

大然　所属チームで試合に出て点を取らないと代表にも呼ばれないので、まずはそれが一番かなと思っています。パラグアイに行ったときも、コーチ陣に「試合に出ている人を見る」と言われましたし。

和也　基本的にはA代表もそうだしなあ。ひとまずは代表に定着して、2年後の東京オリンピックだもんね。なかなか日の丸は背負えるものじゃないから、今まで通り深く考えすぎずに大然らしさを出していけば！

大然　まあでも、ある程度は考えないといけないとも思っていますけど（笑）。代表も山雅と同じ（3－4－2－1の）フォーメーションで、代表では1トップですけどチームではシャドーで使われているので、どっちもできればプラスだと思っていますし。

和也　ぶっちゃけどっちかといえば1トップの方が合ってる？

大然　うーん…それもあんまりわからないんですよね。まだまだ経験も全然していないので、模索している最中なのかなと思っています。

和也　なるほどー。まだまだ伸びしろもあるし、どう成長していくのかが本当に楽しみだよ！ゆくゆくは海外でプレーしたいとか、そういう夢はあるの？

大然　ありますね。プレースタイル的に海外っぽいみたいに言われますし、自分でもガツガツと行けるところまで行きたいとは思っています。

和也　メンタルも海外向きだよね。異国の地でポンと放り出されても割とすんなり生活できそうじゃない？

大然 まあ、そうなったらやるしかないですからね（笑）。

和也 ヨーロッパのリーグでもぶっちぎりの速さを見せてくれたりしたら、いいよなあー。ちなみに足の速さは小さい頃からなの？

大然 昔からです。運動会の徒競走でも負けたことはなかったですし、自分が速いことも気付いてはいました。

和也 速くなるために何かの努力を必死にしたとか、そういうわけでもなく？

野性的な嗅覚育み 高校時代に転機

大然 そうですね、両親が速かったので。お父さんが体操でお母さんが陸上の経験者でした。

和也 なるほどー…やっぱりスピードっていうのは才能が占める部分が大きいのかなあ。確かきょうだいは5人だったよね。どうやって育てられたの？5人ってちょっと想像がつかないんだけど（笑）。

大然 本当に名前の通り自然に、いい意味でほったらかされたというか（笑）。

子どもたちだけで山登りをしたり、そういうのが普通でしたね。出身は大阪ですけど田舎の方なので自然が豊かでしたし、その中で自分たちで何が危なくて何が大丈夫なのか、失敗を繰り返しながら覚えていった感じです。

和也　野性的な感覚みたいなのはそうやって研ぎ澄まされたのかもしれないね（笑）。それに、ご両親もさすがに5人は構いきれないだろうしなあ。そんな中でサッカーを始めて、大阪だったらガンバとかセレッソに憧れて…とかはなかったの？

大然　ちっちゃい頃にガンバのジュニアみたいなところに体験みたいな感じで入ったんですけど、すぐ辞めちゃいました。周りにいた友だちがみんな行っていた街クラブに自分も入ったんです。

和也　ふむふむ。中学までは大阪で、高校が山梨学院だよね。きっかけは（全国高校）選手権だったっけ？

大然　そうです。小学校6年生で初めて選手権を見たときに山梨学院が優勝したんです。青森山田との決勝で勝って。碓井鉄平（長崎）さんがいた世代ですね。どっちか優勝したらそっちに行こうと。

和也　じゃあ、もしかしたら青森山田に行っていた可能性もあったわけか（笑）。

大然　そういうことになります（笑）。そのときは小学生だったのでサッカーの内容とかどういう戦いをしているかとかはわからなかったので、とりあえず勝った方に行こうと。それで、中学に上がってクラブチームに入るときに最初に「どこの高校に行きたいか」を言うんです。1月に山梨学院が優勝したので、「山梨学院です」と。

和也　それで本当に山梨に来たんだ！じゃあ、あとはプライベート。下川と過ごしているのが多いの？

大然　そうですね。人見知りなのもありますけど、もともとあんまり誰かと一緒にいるのが得意じゃないというか、マイペースなんです。

和也 じゃあスケジュールとかも、あんまり立てずに動くの？

大然 立てないです。でも、例えば「この日に風呂入りに行く！」と決めていたら、誰かに別のことを誘われても「いや、用事がある」って言って断ります。いいのか悪いのかはわからないですけど（笑）。

和也 ＦＷって感じだ（笑）。シーズンオフもそういう感じで過ごすの？あんまり綿密にスケジュールを立てたりせずに。

大然 いつ（大阪に）帰るとかは決めますけど、帰省してからの予定は全く決めてないですね。

和也 食べたいものとかもこだわりはなく？

大然 何でもいいんですけど、「遠かったらやめとこ…」ってなっちゃいます（笑）。でも高校までは性格が真逆だったんです。誘われたらどこでも行く感じだったんですけど、ガラッと変わりました。

和也 へえ、高校時代が転機だったんだ？

大然 あの３年間がなければプロになれていなかったと思うし、そこがターニングポイントだったと思います。それまではヤンチャだし人見知りも全くしなかったんですけど、高校で「相手のことを気にしないといけない」とか思うようになって、性格がガラッと変わりました。

和也 それも含めて、今の大然を形成している経験だもんね。じゃあ最後に、好きな女性のタイプも一応聞いておこう(笑)。前に聞いたのは2年前だから変わっているかもしれないし！

大然 うーん…年上かな。それこそ高校のときはキャピキャピした感じの娘がタイプで一緒にワイワイしていたんですけど、今は逆にメンドくさいですね…(笑)。落ち着いた大人の女性がいいです。

和也 年上に可愛がられそうだしねー！今はサッカー選手も結婚するのが早いパターンが多いけど、大然に結婚願望はあるの？

大然 一緒にいて居心地がよければ、という感じですかね（※その後7月14日に入籍を発表)。

和也 サッカーについて口を出してくるのとかは大丈夫？

大然 何でもポジティブに言ってくれる方がいいです。

和也 そもそも、プライベートでサッカーの話はしたくないタイプ？

大然 僕があんまり言わないと思います。言ったところで相手がイヤな感じになるかもしれないし、そもそもグチを言うことがないので。

和也 えっ、何それ！？カッコイイなあ…名言だよ。練習とか試合でうまくいかなかったり不満があったりしても、それをこぼしたりしないの？

大然 何を言われてもそれをやれば試合に出られるので、「どれだけ言われても見返せばいい」という考え方なんです。

和也 いやあ、すごい。そのメンタリティーとスピードで、これからもガンガン山雅を引っ張っていってね！

大然 ありがとうございます、頑張ります！

かりがねの春
次々と芽吹く新緑

編集長Column

長い冬を終え、ようやく山雅にも本格的な春が到来した感がある。終盤の失点が相次いでモヤモヤを抱えていたサポーターも多かっただろうが、第9節甲府戦では開幕戦以来となる無失点で1－0の勝利。もちろんこの1勝で全ての課題がクリアになったわけではないにせよ、今後への展望が大きく開ける勝ち点3だった。

とはいえ、リーグは42試合の長丁場。故障者も出るし出場停止もある。さらに今月末からは毎年恒例のゴールデンウイーク

連戦があるため、チームとしての「総合力」がクローズアップされる。試合に出ていない選手たちのモチベーションやパフォーマンスはどうなのか。そこで大切になってくるのが練習試合だ。

　まずは改めて、メンバーの豪華さに思わずため息が出る。甲府戦翌日、山梨学院大との練習試合。1本目は山本、前田直、中美、田中、下川、岡本、工藤、安東、岩間、安川、ゴドンミンが名を連ねた。もちろん単純比較はできないが、「このメンバーでそのまま公式戦に臨んでも、J2初期の山雅よりは確実に強いんじゃないか」という思いがむくむくと湧き出た。大学生が相手ということもあり、試合は7－1の大勝だった。

個々に目を向けると、まず安川が3バック左で45分間出場したのがうれしいニュースだ。今季は筋肉系のトラブルで出遅れていたが、この試合で実戦復帰。「久々にできて楽しかった。ポジションをしっかり取ってやることをやるのを意識した」と振り返る。貴重なセンターバックとして活躍が期待されるが、そこで過剰に気負いしないのが安川。「チームの決まり事をやれば簡単には負けない。もし試合に出たらしっかり頑張るだけ」と、飄々と話してくれた。

キャンプから複数のポジションをこなし、ケガなく虎視眈々と出場機会をうかがっているのは岡本と中美だ。移籍加入2年目の岡本は甲府戦で今季初出場。この日の練習試合はボランチとして起用されたが、練習ではウイングバックを務めることもある。「(ボランチに)そんなにこだわりはない。監督が考えるポジションでちょっとした出場時間でも見せることが大事で、もっともっと自分のプレーをチームに還元したい」と岡本。とはいえパウリーニョが累積警告3枚となっていることなどから、ボランチ起用の可能性も十分にあり得る。「自分が入ってクオリティーがアップする自信はある。それを見せられるように日々の練習からやっていきたい」と頼もしい。

中美も同様、出番をつかむため忍耐の日々を送っている。キャンプ以降2トップの一角やインサイドハーフ、シャドーなどさまざまなポジションで起用されており、「複数ポジションができるのはいいことなので、まずは試合に絡んでいきたい」と話す。昨季の金沢では背番号10を背負って40試合12得点と、そもそも実績と実力は折り紙付き。「試合に出たら自分の持ち味を出せる自信はある。絡めるまでには競争があるので、そこで使ってもらえるように頑張るだけ」と静かに牙を研いでいる。

育成組織出身のトップチーム加入第1号・小松も着々と歩みを進める。この日の練習試合では2本目に出場し、初ゴールをマーク。「まだまだ決められるところはいっぱいあったし、コーチ陣から言われているように連続した動きをもっともっと出さないといけない」と反省が先行するものの、プロの環境に身を置いて心身とも充実している様子。「スピードとパワーがある相手と初めて毎日やれるようになって最初はついていけない部分があったけど今は慣れて、やれる感覚もある」と口にする。

今季は若手の成長スピードを加速させる狙いで、試合3日前の午後に特別トレーニングのコマを新設。小松もそれに参加し、濃密な日々を過ごしている。「とにかく日々成長する気持ちを毎日持っていろんなことを吸収している。すぐにでもJリーグのピッチに立ちたいし、（育成組織出身の）自分にはその責任がある」。キャンプに参加していなかったためまずフィジカルの土台をつくる段階にあるが、それを乗り越えた先にクラブ初の記念すべき瞬間が訪れるかもしれない。

それ以外にも田中や岩間ら実直なベテラン陣は納得のパフォーマンスを披露したし、ハットトリックの前田直をはじめ安東や下川ら若手も奮闘していた。総合力の底上げが確かに感じられた、かりがねの春。公式戦のピッチでも次々と新緑が芽吹けば、山雅の勢いはいよいよ止められなくなるだろう。

ALPICO

PICK UP GAME 3

J2 第12節 2018.5.3.

松本 ― 水戸

2 0

松本平広域公園総合球技場／15,110人
得点 【松】髙崎（54分）前田大（83分）
警告 【水】福井

会心の白星
連勝街道の一里塚

文・飯尾 和也

トンネルを抜けて上向いた山雅は、GW連戦の2試合目で水戸を迎える。前年に水戸でブレイクした前田大然が2ゴールに絡み、自身も山雅で初得点。7戦負けなしとした。

2－0の見事な無失点勝利だった。水戸は山雅とのシステム上のミスマッチを嫌い、本来の4－4－2のフォーメーションではなく5バック気味に守備を固めるシステムとし、人をしっかり捕まえるミラーゲームを挑んできた。

このような試合で勝敗を分けるのは、「個の力」だ。守備を固めてくる相手に対して単純に1対1で上回れば穴を空けることができる。そこで武器になったのが前田大の突出したスピードだ。前田大は昨年の水戸で13ゴールと得点を量産しており、当然その速さは相手も承知済み。実際、試合前に水戸のセンターバック細川淳矢も「前田にはやらせない」と言っていた。

「大然祭り」厳戒の包囲網を打ち破る

そんな中多くのチャンスをつくり出し、自らの得点も含めて2ゴールに絡む「大然祭り」と言ってもいいくらいの活躍を見せてくれた。警戒されながらもなぜ躍動できたのだろうか？一言で片付けてしまえば「前田大然はやっぱり速かった！」ということになるが、僕の体験談も踏まえて解説していきたい。

僕も現役時代、センターバックとして快足の選手と対峙してきた。野人こと岡野雅行や、浦和で活躍したエメルソン、そしてJリーグからブラジル代表にまでなったフッキ。これらの選手は衝撃的なスピードだった。一緒に走ったら絶対に勝てないし、ぶっちぎられてしまう。水戸のDF目線で言えば、前田大への対応も同じ感覚だったのではないかと推測する。スペースにボールを出されるときは必ず予測をし、1歩、いや2、3歩先に動き出さないと絶対に置いていかれてしまう。僕もこのような選手と対峙する時は必ず意識していた。

そうは言っても、常に予測して先に動き出すのは簡単ではない。実際、前田大が先に動き出すたび山雅にはチャンスが生まれていた。54分の先制ゴールも、先に前田が動き出した時点で「勝負あり」だった。

54分、前田大が長い距離を走って先制に結び付ける

まずは、ボールをキャッチした守田が相手DFと併走しながら右サイドに走り出した前田大の前のスペースに素早くスローイング。普通ならばマークにつかれている状況ではそこには投げないだろうが、「大然のスピードなら先にボールに追い付いてタメをつくれる」という好判断でカウンターが発動した。藤田とパウリーニョを経由してボールを受けたセルジーニョが前

を向いた瞬間、高崎と前田大が相手の背後のスペースに走り出した。

このとき、前田大はマークについていた水戸ＭＦ白井永地より2、3歩早く動き出していた。先ほど書いたように、前田大が先に動き出したら追い付ける選手は国内には少ないだろう。セルジーニョのスルーパスもオフサイドにならない絶妙なタイミングだった。

前田大のスピードと、そのスピードを落とさない精度の高いパスが組み合わされれば、相手はわかっていても止めるのは困難。前田大のシュートは相手ＤＦにクリアされてポストに跳ね返されたが、こぼれ球を高崎がしっかり決めた。

前田大の加入後初得点 大きなきっかけに

今までは相手が自陣に引いた状態で背後のスペースがないときに前田大のスピードが生きていない印象があり、本人も引いた相手に対して自分のスピードをどう生かすか試行錯誤していたはずだ。だが今回、走るタイミングと出し手のパス精度が高ければ相手ＤＦを切り裂くことができると証明してみせた。

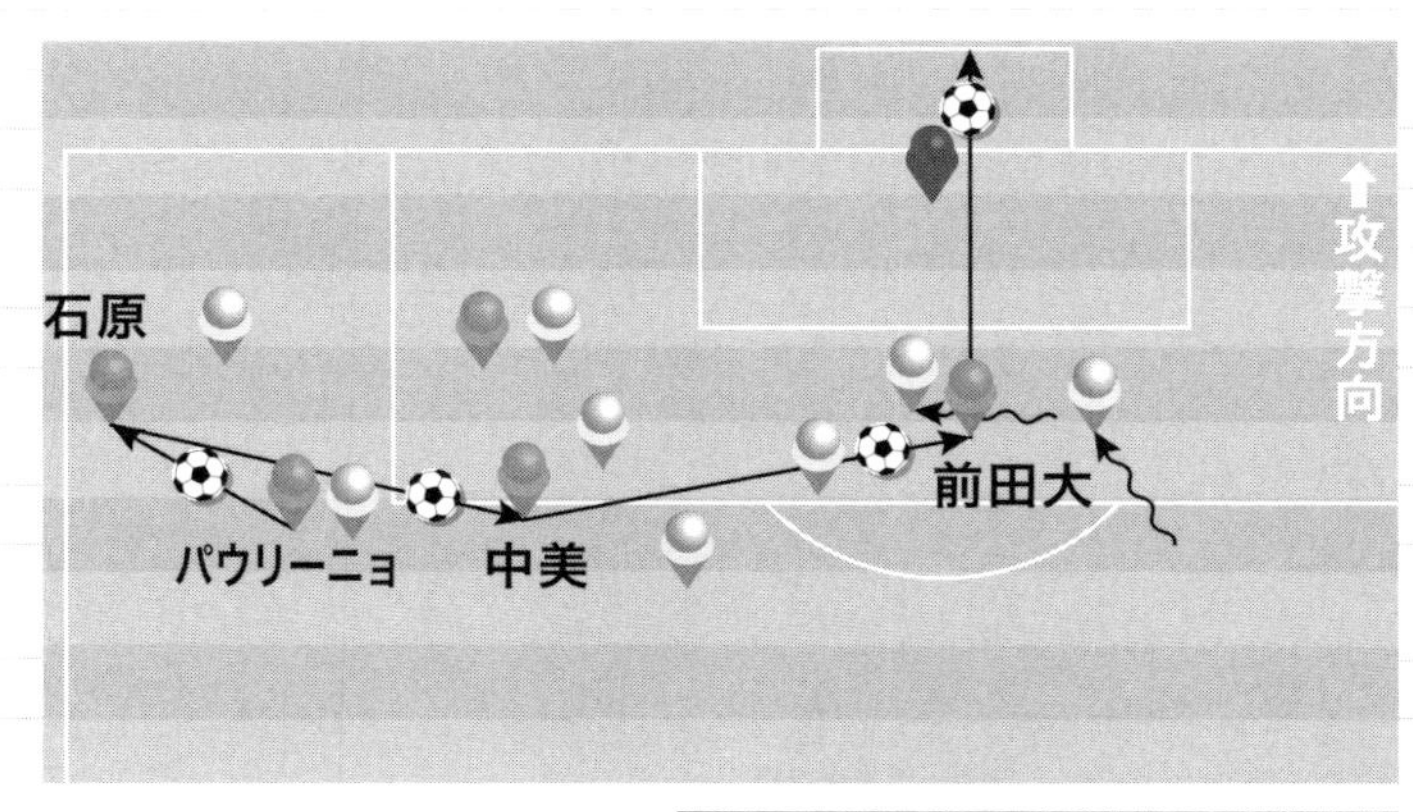

83分、中美のパスを受けた前田大が追加点

そして83分、待ちに待った山雅での初ゴールが生まれた。左サイドのスローインからパウリーニョ、石原と繋ぎ、ペナルティーエリア内にポジションを取った中美に鋭いグラウンダーのパスが通ると、中美はマークの相手とのわずかな間合いで前を向きゴール前の前田にパスを通した。

相手のマークが食い付いてきたところをゴールに向かってトラップ。このワンタッチコントロールで「勝負あり」。豪快に右脚で決めてみせた。途中出場の中美もあまりスペースがない中で前を向いて仕事ができるスキルの一端を垣間見せ、アシストという目に見える結果を出したのも大きい。

そして前田大。昨年水戸でも1点を取ってか

らゴールを量産しただけに、「感覚」を呼び覚ましてさらにワクワクするプレーを見せてくれるだろう。相手の背後に走るだけでも相手は先に動き出さないと対応できないため、DFラインは自然と下がって深くなる。そうなると、今度はバイタルエリアが空きやすくなり、セルジーニョも自由にプレーができるエリアも増えてくる。つまり、前田大が相手の裏に走り続けることで得点のチャンスはどんどん膨らんでいくのだ。

最後に、田中隼磨についても触れておきたい。この試合でJリーグ通算500試合を達成。僕も2014年に一緒にプレーしていたが、常にチームが勝つために全力を出し切って

いる。言葉で言うのは簡単だが、体現するのはどれだけ難しいことか。だが、それをできているからこその偉業だと思う。

今季はベンチスタートの試合が多く、本人も「悔しい気持ちもある」と口にしていた。そんな中でも個人的な悔しさを押し殺してチームを第一に考えて行動し、チームの勝利に貢献している。そんな隼磨を心からリスペクトしたいと思うし、改めて「500試合出場おめでとう！」と伝えたい。

Talk of

a Soldier of Gans and Corazon

RYO

永井龍 × 飯尾和也

パチンコに行ったこともなければ 酒も1滴も飲まないですからね（笑）

和也　今回のゲストはさっそくチームになじんで活躍してくれている期待のストライカー・永井龍選手です！今までの歩みや松本での日々、そしてプライベートの人柄などなど…いろんな部分を突っ込んで聞いてみたいと思います。まずは、よく松本山雅に来てくれました！

永井　いえいえ（笑）。よろしくお願いします。

和也　守備でも攻撃でも貢献度がすごく高いなー！って思いながら試合を見させてもらっているよ。守備でもプレスバックが本当にうまいよね!?

新加入ＦＷしなやかなフォームは親譲り

永井　しっかりプレスバックで体を入れてボールを取ったりした方が自分の中で盛り上がるんです。実際、点を取れているときは守備もしているときが多いですしね。うまくサボりながら一瞬で「ポン！」と力が出せるタイプでもないので

（笑）。だから中盤（へのパスコース）を消してないフリをしてボールを入れさせて、トラップした瞬間にガッと行ったりします。取ればそのまま攻撃に行けるし、人数をかけて前にバーッと行くのも山雅の良さと重なるじゃないですか。だから自分としてもやりやすいです。

和也　僕はセンターバックだったけど、あのプレッシャーは相手にとってはかなりイヤだろうなって思うよ。相手のボランチは多分「まだ（前線の永井が）遠くにいる」っていう感覚でいるのに、そこからピュッて寄せて一気に取っちゃうもんね。ディフェンスがうまいけど、昔からＦＷだったの？

永井　はい、ＦＷしかしたことないんですよ。逆に不器用やから「うまいことコースを切って…」とかするよりも、「取れるもんなら取ってしまえ！」みたいな感じで。

和也　なるほどなるほど。山雅は今年から1トップと2トップを併用しているけど、本音で言うと個人的にはどっちがやりやすいの？

永井　今までのサッカー人生で言うと、2トップの方がよかったです。自分の良さが生きると思っていたので。でも1トップも実際にやってみて、なかなかしっくり来ているんですよ。

和也　周りにいる人にもよるんだよね。動き出したときに工藤ちゃんは必ず見てくれていたり。

永井　それは絶対あると思います。だから僕の中には2トップじゃないと…って思っていた部分もあるんですけど、1トップでも行けるなと。

和也　長崎時代もそうだったもんね。

永井　やっぱり1トップの方が周りも当てやすそうな感じです。もともと山雅に1トップは浸透しているからっていう部分もあるかもしれませんけど、キャンプからやってきた2トップもだんだん良くなっていたし、バリエーションとして両方ができるようになればチームとしての幅が広がって悪い流れを変えられるし理想的かなと思います。

和也　ゴールを量産した長崎でのイメージが強いからなあ。あとはやっぱり、スピード感がすごくあるよね。純粋に足が速いの？

永井　キャンプのとき、小中学生時代ぶりに50メートル走を測ったら6・2秒くらいでした。

和也　へえ…1、2歩が速いのかな。すごく速く見えるんだよ！外国人みたいに飛び跳ねるような走り方じゃない？

永井　ああ、それはよく言われます。両親が陸上で結構すごかったらしいんです。お母さんは100mハードルでインターハイ全国1位、お父さんが走り高跳びで関西1位とか。

和也　すごいじゃん!?結構本格的にやっていたんだね。謎が解けた！

永井　だからなのか、よく「お前の走り方は陸上部みたいだ」って言われました。結構「外国人っぽい」って言われるのは、僕にとってはなかなかの褒め言葉でうれしいです（笑）。

和也　外国といえば、実際にオーストラリアでプレーした時期もあったよね。本場の外国人に囲まれての印象はどうだった？

永井　外国人っぽさは消されますね（笑）。

和也　その後日本に帰ってきたら、「外国人感」はアップしてたんじゃない？

永井　いい意味でも悪い意味でも（笑）。外国帰りの友だちで「ちょっとお前かぶれてるなー」みたいなのあるじゃないですか。「そういうのダッセー」とか思っていたんですけど、自分も帰ってきてからなりましたもん。ぶつかったりパスミスしたりしたときに普通に「Sorry」て言ってまうんすよ。客観的に見たら外国人ぶってるんじゃないか？これはヤバいぞ！と（笑）。

和也　なるほどなるほど（笑）。でもサッカーの面でいい経験ができたんじゃない？

永井　サッカーの幅が広がりました。相手も上背があってリーチは長いけど、素早い動きに対しては付いてきづらいので、自分のスピードも生きた感じがしました。あと向こうは、球際がめちゃくちゃ激しくて思い切り「バーン！」って蹴り合うんです。ボールを蹴ろうとしている選手に対して脚を止めるんじゃなくて蹴りに行く感じで。日本だと退場になるし、ケンカになるやろな…ってところでも、ファウルの基準がちょっと違っていました。

和也　その国の基準に合わせないといけないからねー。でも日本に戻ってきてからはまた日本の基準で、わきまえながらやっていると（笑）。

永井　プレーになると荒々しくもならないですね、ちょっとオラオラしてそうな気がするけど、試合になるとチームメイトに罵声浴びせたりとかはしないので、

「意外やな」って言われます（笑）。

外見とは裏腹？ 内面は繊細かつユニーク

和也 うん、意外だよね。ギャップがある（笑）。見た目的にもガツガツしてそうだしスピードがあるから。

永井 見た目がこんなんでバシッと決めてるし、カン違いされがちなんですよ…。「私生活とか絶対めちゃくちゃで、酒飲んでパチンコしてるやろ」って言われるんですけど、パチンコに行ったこともなければ酒も1滴も飲まないですからね（笑）。

和也 えっ、そうなの!?（笑）

永井 ホンマです、ホンマです！「そんな人じゃないと思ってた」みたいなことめっちゃ言われるんですよ（笑）。山雅でもクラブハウスのロッカーが隣の岩上祐三くんが最初は「多分オラオラしてる」って思っていたらしくて、「ホンマに隣がイヤやからやめて…」ってマネージャーに頼んでいたみたいです（笑）。ちょっと前までは金髪だったし、多分それで余計にそう思われがちだったのかもしれません。

和也　なおかつ関西人だしねー。実際に自分の性格を分析するとどうなんだろう。ガチャ（片山真人ホームタウン担当）みたいに「先に口が出ちゃう」みたいな部分はないの？（笑）

永井　いや、僕めちゃくちゃ考えますよ。こうやってメディアに出させてもらったらしゃべることはしゃべるんですけど、「これ言ったら嫌われるかもな」とか「誰かがイヤな思いするかもな」とか結構考えてまうんですよ。メンタルそんなに強くないし、何ていうかちょっと繊細ですかね（笑）。

和也　しゃべった感触としてもそれは思ったけど、実際に話すまではそれも意外だよ（笑）。「ザ・関西人」って感じでもないんだねー。

永井　それがいいなあって思うときもあります。ポンポン言えるからコミュニケーションが取れるじゃないですか。でも僕「言わんとこ…」と思って距離が縮まらないことが結構あります。人見知りなところもありますし。

和也　要は「空気を読めるタイプ」ーなんだ。先輩とかイジりそうに見えるけど

（笑）。

永井　全然イジらないです。逆に前田直輝とかにめちゃくちゃイジられてますよ。例えばソリさんの誕生日に練習が終わってクラブハウスに帰ろうとしたら、「ちょっときょうは残ってや」って上から来るんです。それで「何でなんすか？」って聞いたら「ソリさんの誕生日やん」「そや…わかりましたハイ…」みたいなノリで（笑）。

和也　後輩からイジられても全然大丈夫なの？

永井　もう全然、大丈夫です。

和也　いやあ、今までになかなか出会ったことのないタイプの関西人だよ！

永井　でも、「マイペースやな」とか言われるとすごくうれしいですけどね。この間も試合後に3択でお弁当選べたんです。親子丼、カレー、すき焼き弁当ってあって、事前にアンケートを取って、その個数を用意しておくから後で食べて下さいってシステムなんですよ。僕は最後に回答に行ったんですけど、みんな親子丼かカレーを選んでいて、すき焼きだけゼロやったんですよ。だから本当はカレーを食べたかったけど、あえてすき焼き選びました（笑）。

和也 「違いをつくるFW」的な部分はあるのかもねー（笑）。

永井 バスの中だからめちゃくちゃ食べにくかったですけどね…卵つけるやつとかあって。カレーはカレーやし、親子丼はどんぶりやから簡単に食べられるじゃないですか。

和也 でもみんな、試合後にすき焼きな感じじゃないんだねえ？俺もその立場だったらすき焼き食べたいけどなあ。苦戦しながら（笑）。

永井 苦戦はしましたけど、「みんなが食べてないものを食べている俺」みたいな（笑）。だから外国人っぽいって言われるのがうれしいのも根っこは同じで、「ちょっと違う」って思われるのがうれしいんですよ。

和也 なるほどね。あとは関西出身だと、お笑いは好きなの？

永井 めちゃくちゃ好きですね。しかもクセのある芸人が好きで、今なら「天竺鼠川原」。なすびの格好をしてサングラスをかけている関西ローカル芸人なんですけど、めちゃくちゃオモロいです！小さい頃から昼は練習から帰ってきたら吉本新喜劇を見る日常だったし、漫才のライブも見に行きますし。

和也 松本だと直接見る機会はなかなかないから、寂しくない？

永井 YouTubeに結構いっぱいあるので大丈夫です。試合前とか移動のバスとかも結構みんなガンガン音楽聴いてたりする中で、僕は漫才を見ていたり（笑）。

和也 それはなかなか珍しいね。みんな音楽聴いて高めたりとかするじゃん？

永井 やるってなったらガッとスイッチが入るタイプなので、ロッカーに入ってから5分くらいサッカーの映像を必ず1回は見て試合に入ります。でもそれまでは、普通に漫才ですね（笑）。

最愛の妻に支えられ ひたむきにゴール狙う

和也 サッカーの映像はどういうのを見るの？

永井 スアレス（バルセロナ）とかですね。

和也 おお、っぽい！

永井 「ドリブル、ドリブル、ドリブルからのシュート」とかのシーンよりも、外してヘディングで取ったり最後にボレーをバシッと決めたりするようなイメージをパッとつくっていきます。スアレスは意外と守備も結構やりますし、理想やなと思っています。

和也　ああ、言われてみればそのイメージ通りにできている気がする！中盤とかで簡単に離すところ離してゴール前に入っていく…みたいな。実際にシュートもうまいしね。ちなみにストライカーとしてシュート技術をどう意識しているのか、練習のコツみたいなのがあれば教えてほしいよ。

永井　シュート練習で「あの位置にドンって決めよう！」じゃなくて、蹴るときのインパクトや感覚が「あっ、いい！」って思ったらそれがGKに弾かれようが気にしません。シュートって大体、考えて「よし、あそこ蹴ろう」って蹴って入るパターンってなかなかないので、決断力というか、そういう部分を大事にしています。

和也　まずはしっかりしたシュートを打つってことかな。

永井　迷いがあると多分入らないと思うので、「こっちも空いてるな」じゃなくて「ドン！」って力が乗るように蹴る感覚を大事にした方が入るのかなと個人的には考えています。アップのときのシュート練習も、インパクトで「よし、この感覚だ」と。

和也　なるほどなるほど…ストライカーにもいろんなタイプがいるけど、何かの参考になればいいよね。じゃあ最後にちょっとプライベート面も聞いていきたいんだけど。結婚はしているんだっけ？

永井　はい、しています。

和也　子どもは？

永井　いないです（※その後6月19日に第一子の長男が誕生）。

和也　26歳だよね。奥さんは好き？

永井　好きっす。いや多分、ほかのどの「奥さん好き」って選手よりも好きですよ！

和也　おお、そうなんだ！素晴らしいね！交際から何年？

永井　交際3年、結婚2年ですね。

和也　へええ、一途に愛してるんだ！それもギャップだね（笑）。

永井　もうキャンプのときとか、早く帰りたかったですもん。

和也　御殿場と清水は相部屋だから、テレビ電話とかもしづらいだろうしね？

永井　そのときはＬＩＮＥとかだけして、電話できるときはたまにちょっと電話する感じで。まあでも相部屋が直輝やったんで、別にいても普通に電話したりし

ていましたよ。ただ、僕は普通に2分くらいしゃべって「あ、うんわかったオッケーおやすみー」って切ったつもりだったのに、直輝に「甘えた声を出すなよ！」って言われました…。「えっ俺、普通の声出してたんやけど…」「全然ちゃう！」と（笑）。

和也　周りからはそう聞こえるんだろうねー、甘えちゃったんだろうね（笑）。

永井　逆に直輝はたまに電話していても、普段と一緒の声色やったな…。ただ、子どもには「なんとかでちゅねー」ってなってましたけど（笑）。

和也　子どもがいるとねやっぱりそうだよねー。奥さんとの電話がキャンプ中の生命線だったわけだ（笑）。

永井　向こうも1人部屋のときは結構連絡が来るんですけど、2人部屋のときはそんなに連絡してきませんでした。そうやって気を遣ってくれるところもいいなぁ…って思いながら、愛は深まっていくわけですよ（笑）。

和也　じゃあ今は落ち着いて、夫婦で仲良く松本をエンジョイしながら試合でどんどん活躍してください！

永井　ありがとうございます、頑張ります！

38
38

首位奪取／2018シーズン中盤戦

3

第15節
〜
第28節

松本	-	千葉
4		2

PICK UP GAME 4

J2 第 20 節 **2018.6.23.**

松本平広域公園総合球技場／ 11,475 人

得点 【松】岩上（43 分）前田大（59 分）
前田直（61 分）
パウリーニョ（80 分）
【千】オウンゴール（11 分）船山（25 分）

警告 【千】矢田

失意の底から大逆転 大きな１勝

文・飯尾 和也

前節で大分に１－４で敗れ、アルウィンでの連勝記録は途切れた。失意の敗戦から１週間後、再びホームで千葉に０－２とビハインド。しかしこの逆境を見事にひっくり返した。

1－4で敗れた前節大分戦の悔しい思いを払拭するためにも、絶対に勝ちたかった今回の千葉戦。しかし立ち上がりから千葉にボールを支配されて11分にオウンゴールで先制を許し、かつて山雅で活躍した船山貴之に追加点を決められる。前半25分で0－2という最悪のスタートとなってしまった。だが山雅は岩上のＦＫを皮切りに4ゴールを奪い、見事な逆転勝利を見せてくれた。

前半 プレス回避され圧倒的に支配される

千葉は前線に長身のラリベイと指宿洋史を擁するが、ラフなロングボールを入れてくる事はほとんどなく、ＧＫロドリゲスも使いながら徹底的に足元で繋いでビルドアップしてくるチームだ。それに対し山雅は、ゴールに近い位置でボールを奪って得点を狙うイメージがあったと思う。

しかし前半は、ＧＫにプレッシャーをかけてもほとんどボールを奪うことができず、圧倒的にボールを支配された。攻撃時の千葉はボランチが最終ラインまで落ち、ＧＫも含めて積極的にビルドアップしてくる。そのため実質10対11で、空いている選手が1人はいる。そこを巧み

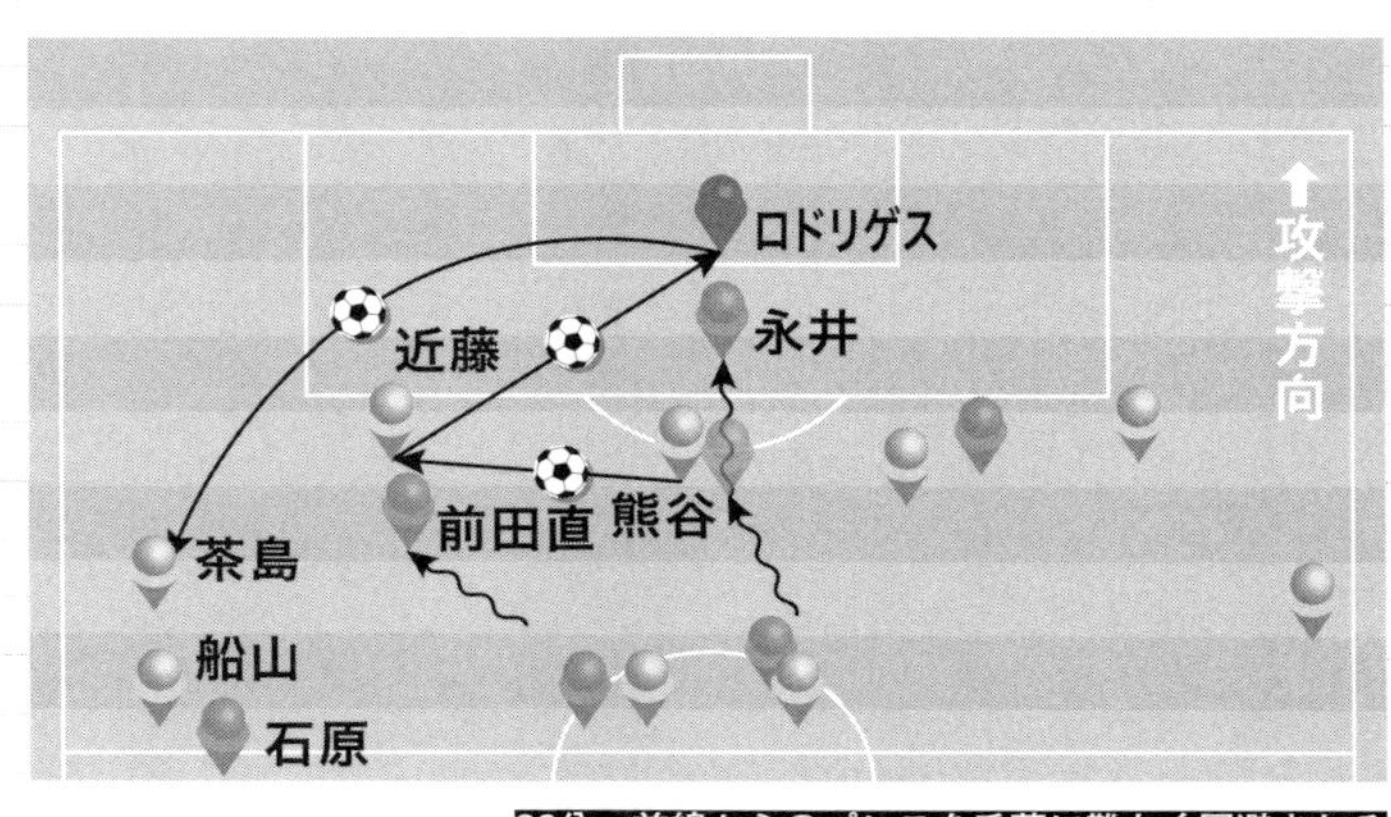

36分、前線からのプレスを千葉に難なく回避される

に使われてことごとくプレッシャーを回避されていた。前半に山雅のプレスが全くと言っていいほど機能しなかったのは、これが1つの大きな要因だったように感じる。

その中の1場面をピックアップしてみよう。36分のプレーだ。千葉のMF熊谷アンドリューからDF近藤直也にボールが入ったところで、前田直がプレッシャーをかけてボールをGKロドリゲスに下げさせる。そこに永井がプレッシャーをかけたが、右サイドの高い位置にポジションを取るDF茶島雄介に繋がれて難なくプレスを回避されてしまった。

このとき、本来ならば石原が茶島に対してプレッシャーに行きたかった局面だが、石原は船山をケアしていたため行くことができなかった。サッカーではGKにプレッシャーをかけて苦しまぎれのボールを蹴らせればマイボールにできるケースが多いのだが、前半の千葉が見せた巧みなポゼッションには通用しなかった。

前半のボール支配率は千葉73％、山雅27％。サッカーでは60％と40％でもかなりボール支配されていると言われるが、それも大幅に上回る、あまりお目にかかることができないくらいの数字だ。もちろんボールを支配されても勝敗に直結するとは限らないが、取りに行こうとしても取りに行けないとやっている選手はかなりもどかしく感じるものだ。ここからどうやって逆転劇に繋げたのかを解説していきたい。

後半 プレスの強度を取り戻し逆転に成功

鍵となったのはハーフタイムでの修正。後半、山雅のプレスには迷いがなかった。前田直は「前半は守備の部分でハマりどころがなかったので、ソリさんが『誰々には誰がいこう』とハッキリと示してくれたので分かりやすかった」と話す。

その言葉からもわかるように、明らかに違ったのはファーストディフェンダーのスピード感だ。

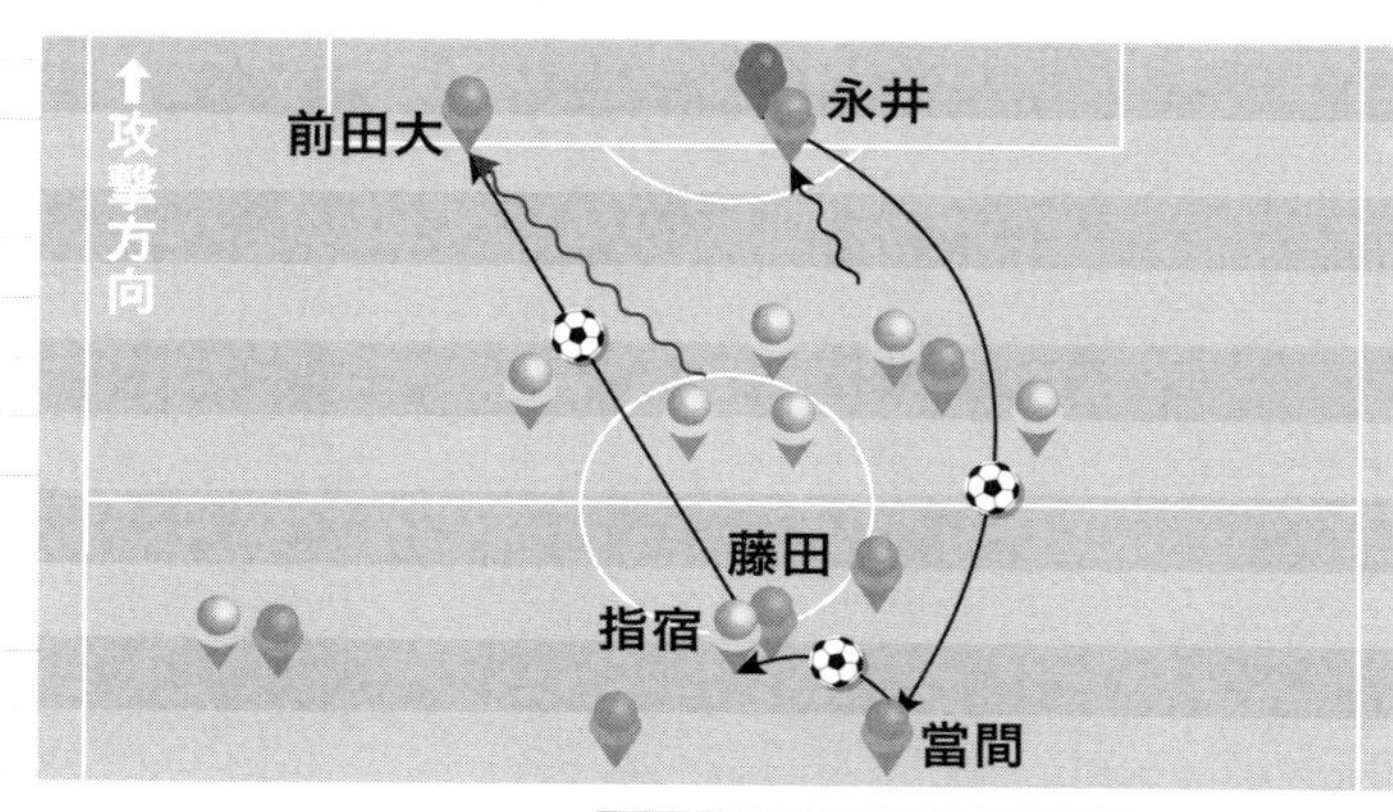

59分、プレスが機能して素早い攻撃から同点へ

前半は前線のプレスに多少の迷いがあってボールホルダーに余裕を与えていたため繋がれてしまったが、マークを明確化できたためボールホルダーの余裕を奪うプレスがかけられていた。

59分の同点ゴールを生む前のプレスはまさに、迷いのない前田直のプレーからだった。増嶋がボールを持つと強くプレッシング。たまらずボールをGKロドリゲスに返すが、前半のような余裕のあるバックパスではなく、ロドリゲスにも永井がプレスをかけていたため大きく前線に蹴り出した。このボールを當間が競り勝ち、藤田がセカンドボールを回収。守備組織の整っていない千葉DFラインの背後を前田大が取ってゴールを決めたのだ。

前田直の決めた3点目も永井の迷いのないロドリゲスへのプレスからペナルティーエリア内で奪ったボールを決めたものだった。プレスというのはまずボールホルダーに強いプレッシャーをかけることで、次のボールがどこに出てくるのかが明確になる。そうすると他の選手も連動してボールを奪うことができるのだ。

そういう意味ではボールの取りどころが無く混乱気味だった選手にとって、ハーフタイムの反町監督の指示は「天の声」だったに違いない。そして「分岐点はいくつかあるが、1つは我々がボールを奪われたシーンで3点目を取られなかったこと。もう1つは前半終了間際に1点取れたこと」と反町監督が振り返るように、43分に岩上が決めたFKでのゴール。その4分前に絶体絶命のピンチを救った守田のセーブもこの試合の流れを手繰り寄せたビッグプレーだった。

0－2からの4得点は本当に力がないとできない大逆転劇だし、ましてやオウンゴールから始まった試合をひっくり返す事は並大抵ではない。チームとしてガマン強く戦って獲得した勝ち点3は、単なる白星以上に非常に大きな意味を帯びるだろう。

Ｖ字回復「登頂」へ道筋くっきり ―2018中間報告―

編集長Column

どうなることやら…と、頭を抱えていた方々も多いのではないだろうか。Ｊ１昇格に向けて積極補強に打って出た今季の山雅は、大きく膨らんだ期待値とは裏腹にスタートダッシュに失敗。リーグで唯一となる開幕6戦未勝利となり、一時は20位まで低迷した。しかも第6節山口戦は2－0の後半アディショナルタイムに2失点してのドローだったから、なおさら精神的なダメージも大きかった。

「1シーズンを通じて勝てない時期はあるし、それが最初に来

たと思うしかない。１つ勝てば波に乗れると、僕たちもサポーターも信じていると思う」。その試合直後、岩上はこんな言葉を口にしていた。

　果たしてそれは現実のものとなった。アルウィン開幕戦の第7節大宮戦で待望の今季初白星を挙げると、以降はまさに「V字回復」という言葉がふさわしい快進撃。シーズン前半戦を終えて10勝7分4敗（勝ち点37）の4位で、首位に勝ち点3差まで詰め寄った。現場の誰も言い訳にはしないが、序盤戦の大ブレーキは「6連続遠征」だったという側面が少なからず影を落としているのは事実。だが逆に、アルウィンでは7勝1分1敗と無類の強さを誇っている。サポーターの存在も含め、いかにホームの利が大きいのかが改めて浮き彫りになった。

チームの成熟度はどうだろうか。「自分たちでやりたいことが少しずつ形になっているし、結果も少なからずついてきている。自分たちのサッカーに自信を持てているのがいい部分だと思う」と飯田はこれまでを総括。キャンプから3－1－4－2の新陣形を試していたが、第2節新潟戦の後半で従来の3－4－2－1に戻して以降はこの形をベースに勝ち点を上積みした。1トップは高崎と永井、2シャドーは前田大、前田直、セルジーニョ、中美。個性豊かな実力派アタッカーがしのぎを削っており、理想的に近い状況と言えるだろう。

とはいえそれぞれ現状には満足しておらず、昨季キャリアハイに並ぶチーム最多19ゴールを積み上げた高崎は「ゲームをやるにつれて戦術が明確になってきたしスムーズにやれているのは確かだけど、自分は去年よりゴールが取れていない」と話す。昨季水戸で13得点を挙げた前田大も「チームは上位にいるしいい方向に行っているが、去年のペースに全然達していないので満足はしていない」。直近3試合連続ゴール中と気を吐く前田直は「『7割攻撃、

3割守備』くらいの意識に変えたので、そのぶん攻撃で違いを見せて結果を出し続けないといけない」という。

中盤に目を向けると、ボランチ藤田の働きぶりが際立つ。ボールをことごとく刈り取ってピンチの芽を未然に摘み取るだけでなく、要所で危険なエリアに縦パスを通すなど攻撃面でも存在感を発揮。自身は「まだまだできることは多いし、いいときと悪いときとあるので全体的に毎試合いいプレーをできるようにしたい」と謙そんするばかりだが、新たな息吹を吹き込んでいるのは確か。相方のパウリーニョは「去年もその前の年も雰囲気はすごくよかったし、自分がいた2年前から積み重ねてきたものが実ってきている」とうなずく。

そして忘れてはならないのが、従来とは異なるポジションで起用されながらも奮闘している2人だ。左ウイングバックに定着した石原は「慣れているポジションではないので、できるだけ大きな穴をつくらないようにと考えながらやっている。試合の状況やその時間帯の過ごし方とか、いろんなことを把握しながら判断している」と話す。MF田中達也に大きな仕事をさせなかった直近の熊本戦を筆頭に、持ち前のスピードを守備にも生かして対面を封じる場面が多々。攻撃面でも左脚クロスに加え、カットインしてのシュートに得点の可能性を強く感じさせる。

岩間も同様だ。最終ラインに故障者が続出したのを受け、センターバックで起用されている。自身は「本職じゃない」と苦笑交じりに強調するが、そのプレーぶりは堂々としたもの。「みんながオリジナルポジションじゃないところをやってもチームにとってプラスになるよう努力している結果が出ている。自分も使ってもらっている以上は責任もあるし期待に応えなければいけない」と話す。実は東京Vの育成組織で本格的にセンターバックとしてプレーしていた時期があり、当時の経験も生きているという。

そのセンターバックが、さらなる浮上の鍵を握っているかもしれない。今季これまでは橋内を中心に置いて浦田と飯田が左右を固める並びがベース。しかし、ただでさえサイズ控えめの編成に加えて故障離脱がかさんでなかなか定まっていない。総失点数22はリーグ6番目の少なさではあるものの、反町監督が例年指標としている1試合平均1・00以下の数字をクリアできておらず。ＧＫ陣は全試合フル出場の守田をはじめ4人が盤石の状態であるだけに、橋内と安川らが戦列復帰してくれれば安定感は増してくるだろう。

とはいえ、総じて振り返れば上々の成績で折り返した。今や「登頂」への視界はクリアになり、関東甲信地方は早くも梅雨が明けて夏が到来。緑が躍動する季節、さらなる上位進出へ大きな期待がかかる。

Talk of a Soldier of Gans and Corazon

藤田息吹 × 飯尾和也

『もうちょい声を出せ』っていうのは
言われ続けてきたことなんですけど…（笑）

IBUKI

和也　皆さんこんにちは！4年に1度のサッカーの祭典・ワールドカップも開幕！寝不足と戦いながらサッカー漬けの日々を満喫している人もいるのではないでしょうか？そんな中でもＪ２は中断期間なく激戦が繰り広げられています。もちろん山雅も同様で、今回のゲストは藤田息吹選手！新加入のボランチで、チームに新しい風を吹き込んでくれています。そんな藤田選手にサッカーのことやプライベートの暮らしぶりなど、いろいろと聞いていきたいと思います。よろしくね！

藤田　よろしくお願いします。

和也　この間の栃木戦でケガをした目の下も、だいぶ治ってきたね。

藤田　ちょっと痕が残っていますけど、痛くはないので大丈夫です！

文武両道　長男もその血を引き継ぐ？

和也　うんうん。じゃあ何の話からしようか。とりあえず共通点ってことで玉ちゃん（玉林睦実／2010〜14年に在籍）の話からかな？

藤田　（和也の）結婚式に玉くん、行ったんですよね確か。その1週間前くらいに僕も結婚式をして、玉くんに来てもらいました。

和也　そうだそうだ。玉ちゃんのインスタ（グラム）か何かで見たんだよ。これが藤田くんか！って。ちなみに籍を入れたのはいつだったの？

藤田　プロ1年目が終わったときに籍を入れて、今年で6年目です。（入籍から）半年後くらいに一緒に住み始めたんですけど、その半年後に愛媛に移籍することになって、引越しとかいろいろで忙しくて式を挙げられなかったんです。そこから子どもができたのでまた挙げられず、今回は子どもがちょっと大きくなってきたのでようやく挙式できた…という流れです。

和也　じゃあ最近籍を入れたわけじゃないんだね。

藤田　挙げるタイミングがなかったんです（笑）。

和也　どうだった？結婚式。

藤田　よかったです。お互いにちゃんと「やろうよ」という感じでしたし。奥さんの実家が東京だし、僕も大学が東京だったので東京でやりました。

和也 この話の流れで聞いちゃうけど、奥さんはいつどこで知り合ったの？

藤田 大学2年くらいのときですね。僕の一番仲が良かったサッカー部の友だちと奥さんが友だちだったので、3人で会ったのが最初です。

和也 一目惚れだったの？

藤田 いや、そういうわけではなかったですけど、あんまり言うと怒られるかもしれないので…（笑）。

和也 そもそもタイプ的にはどういう人が好みだったの？

藤田 でももちろんタイプは奥さん…ですけど、しっかりした人がタイプかなと思います。美人系よりもカワイイ系がいいのかなと（笑）。

和也 じゃあアナウンサー系でしょ⁉

藤田 そう…なんですかね？（笑）

和也 「息吹の奥さん、アナウンサー系だよなー」って思っていたんだよ。アルウィンに試合見に来ているでしょ？

藤田 あ、そうですね。

和也 誰の奥さんだろ？って思っていたんだけど、そしたら連れている子どもがめっちゃ息吹にそっくりだったからわかったよ（笑）。似てるよね？

藤田 半々、って言われます（笑）。でも子どもはかわいいです。

和也 3歳だっけ？それならもう結構しゃべるよね。

藤田 しゃべりますし、選手のチャントも歌えますよ。この間たまたま動画を撮っていて背番号1番から順番に「歌って、歌って」ってやってみたんですけど、基本的にはほとんど全員分クリアしていました。歌えないのが誰だったかな？くらいの感じで。

和也 おお、すごいね！じゃあ試合に出ている選手のはわかるんだ！

藤田 出ていない選手のも歌っていました。歌詞がうろ覚えなところもありましたけど、日本語が全部はきちんと言えないけど結構いけてました（笑）。

和也 さすがソリさんと同じ慶應出身・息吹ジュニア…将来有望だなあー。じゃあアルウィンは毎回来ていて、アウェイはＤＡＺＮで見る感じなのかな。

藤田 そうですね、好きで見ていてくれています。

和也 そうするとパパのこともわかるわけだ？

藤田 あ、わかります。アルウィン開幕戦で一緒に入場したときもすごく喜んでいました。この間（目の下を）ケガしたときも真似してましたし（笑）。

和也 なるほど…それは父親冥利に尽きるね！これからさらに頑張らないとだ。じゃあ開幕してからだいぶ時間も経ってガンガン活躍してくれているけど、自分自身の手応えとしてはどうなのかな？

藤田 だいぶ慣れてきて、ここからが勝負かなと。常に勝負ではあるんですけど。

和也 最初は加入当初からソリさんの期待はあったと思うんだけど、それに応えているよね。

藤田 もっと頑張りたいですけど、なんとか、という感じです。

和也 （岩間）雄大とかもそうだけど、ひょうひょうとやるよね。毎回、「俺頑張ります」みたいなのを安定して出しているかなーって思って見ているんだよ。ポジション的にそう見えるのかもしれないけど。

藤田 安定感はやっぱり求めたいかなと思っています。波があるよりは安定していた方がいいと思いますし。

和也 高校は藤枝東だけど、同世代で活躍している選手は誰がいる？

藤田 1個上の河合陽介さんっていう選手が（清水）エスパルスにいて、あとはジュビロ（磐田）の山田大記さんが2個上です。長谷部（誠／ドイツ・フランクフルト）さんはもうちょっと上で、かぶってはいないです。

和也　出身は愛知県だよね。どうして静岡の藤枝東に進んだの？

藤田　中学のときは勉強も頑張っていたというのもあったので、進学校でサッカーも強くて…という条件で高校を探していたんです。その流れで藤枝東に行きました。

和也　でも静岡はサッカーのレベル的に強豪校も多いから県大会を勝ち抜くのも大変だったと思うけど、（全国高校）選手権は出たの？

藤田　2、3年のときに出ました。運が良かったです。

和也　すごいじゃん！激戦区の静岡で2年連続って、並大抵のことじゃないよ。

藤田　1個上の学年がすごく強くて準優勝しましたけど、自分たちの代はかなり弱くて…（笑）。静岡県代表はやっぱり期待はされますね。

和也　ちなみに2年生のときは決勝でどこと対戦したの？

藤田　流経（流通経済大柏高／千葉）です。大前元紀がいたときですね。

和也　でもやっぱり、優勝したくない？大前の印象はすごくあるけど、その相手が藤枝東だったっていうのは言われてみないとなかなか記憶に残ってないもん。申し訳ないけど…（笑）。

藤田 そうですね。しかも決勝で0－4でボコボコにされてしまったので悔しかったです。

和也 そこから慶応に進んでプロ、って流れだよね。慶応は勉強して入った感じだったの？

藤田 指定校推薦でした。

和也 …って俺、大学に行ってないからその仕組みがよくわからないんだけど（笑）。編集長、それってすごいの？

大枝 すごいです、間違いなくすごい感じのやつです。私の中の慶応コンプレックスが暴れ出しそうですよ！（笑）。

藤田 いやいや…でも一般（受験）だったら多分無理でした。テスト勉強とかをめちゃめちゃ頑張って成績だけは良かったので…（笑）。

和也 すごいなあ。サッカーが第一で勉強もかなりしたってことだね。

藤田 指定校推薦があるっていうことは知っていたので、大学進学に当たって選べるようにしておこうと思って勉強はしていました。

大枝　他の選択肢はどんな大学があったんですか？

藤田　慶応が一番上で、早稲田とかMARCH（明治、青山学院、立教、中央、法政）とかは全部ありました。

和也　それで慶応にしたわけか。高校からプロ、っていう選択肢はなかったの？

藤田　いや、もう全然、プロに行ける可能性があるようなレベルの選手じゃなかったです。話も全くなかったし、当たり前のように大学に行こうと思っていました。

和也　絶対に大学に行っておきたいっていうのがあったの？プロになりたいっていう気持ちは当時は強くなかったのかな。

プロを志した慶大時代　愛媛で才能開花

藤田　正直、あったはあったんですけどそこまで強くはなかったです。そういう選手でもなかったので。でも、大学2年のときに早生まれでU－19日本代表に選んでもらったんです。布（啓一郎）監督（現J3群馬監督）がまるまる1年間ずっと呼んでくれたんですけど、代表は大学生が僕ともう1人くらいしかいなくて、残りは全部プロの選手と一緒にやっていて、話したりしている中で「いいな、自分もなりたいな」と思って、そこから本気で努力を始めた感じです（笑）。

和也　そこから実際に（清水）エスパルスに行けちゃうってところがまたすごいよね！

藤田　うーん。正直、U－19の効果が大きかったんだと思います（笑）。

和也　日の丸が入ってくるとやっぱり強いよね（笑）。で、実際にエスパルスに行ってみてどうだった？違いは感じた？

藤田　「もうちょっとやれるかな」と思ったんですけど周りもうまくて。大前元紀が一番すごかったですね。ドイツから帰ってきた直後で、活躍していました。あとはカルフィンヨンアピンとか、杉山浩太くんとか。それまではボランチだったんですけどエスパルスではずっと右サイドバックをやっていて、ノーチャンスでした（笑）。

和也　選手層も厚かったのかな。ボランチは結構いたんだ？

藤田　そうですね。ボランチはやりたかったんですけど、本田拓也さんとかもいましたし。

和也　その中で存在感を出していくのは本当に大変だろうしなあ…今の山雅に当てはめても、チーム事情で他のポジションをやっている若手はいるもんね。足は速いの？

藤田　いや、速くないです。普通以下くらいで、遅すぎはしないと思うんですけど（笑）。

和也　カバーを見ていると「速いのかな？」って感じるときも結構あるんだよね。狭いエリアですばしっこく動いたりするようなイメージで。

藤田　5メートルくらいなら速いのかもしれません（笑）。でも、そこから伸びてはこないので。

和也　インターセプトもするしね。じゃあプロで生き残っていくためにどういうところを武器にしていこう！って思ってやってきたのかな。ボランチってやっぱり、チームの命運を握るくらい大事なポジションじゃん。

藤田　そうですね。自分の持ち味的にハードワークというのはあるのでそこは負けないようにと思っているんですけど。運動量は落ちずにやれるのかなと思いま

す。

和也　藤枝東は走る練習が多かったの？

藤田　いや、そういうわけでもなかったです。練習も1時間半くらいしかやらないくらいで、高校サッカーとは思えないくらいの感じでした。上下関係はめちゃめちゃ厳しかったですけど（笑）。

和也　へぇえ、それも意外。ビシッとしてるんだ？

藤田　体罰とかはなかったですけど、先輩はとにかく怖かったです。だからピッチ外でフリートークとかしたことは1回もなかったですもん（笑）。

和也　それってプレーにも影響しそうな気がするけど…（笑）。遠慮しちゃいそうじゃん。

藤田　でも基本的に、めちゃくちゃ言ってくるのはあまり試合に出られていなくて不満を持っている先輩とかなので…まあ、そんな感じで（笑）。
和也　ああ、よくあるパターンだね…（笑）。じゃあ走れるようになった背景の話に戻るんだけど、大学で鍛えられたの？
藤田　大学もそんなに走らなかったですけど、もともと走れる方ではあったんだと思います。あとは愛媛でも鍛えられました。2人組で走るときはだいたい玉くんと一緒に走っていたので。
和也　ああ、それはいい相棒を見つけたね！
藤田　玉くん、まじめでめちゃくちゃ走っていましたから。
和也　慶応卒のエリートとタマって第一印象だとすごいミスマッチだけど、こうやって話を聞くと2人ともまじめだし、そういう部分ではウマが合うのかもしれないねー。2人でいるときはどういう話をするの？タマはイジられキャラだけど、息吹はあんまりイジらなそうじゃん？
藤田　そうですね、イジりはしないです。でもなんでもしゃべりますよ。
和也　タマにとってはオアシス的な存在なのかな(笑)。愛媛でのタマはどうだったの？

藤田 選手にめちゃめちゃ愛されていました。イジられるんだけど愛のある感じで。

和也 山雅のときもそうだったしなあ。イジってほしいオーラを出すんだよね（笑）。

藤田 でも山雅のサポーターの中では玉くんのキャラクターを知っているじゃないですか。でも愛媛では俺がいたときはそこまで浸透していなかったですね。

和也 それはあれだね、新体制発表会のときに自分のキャラを出していたから…（笑）。

大枝 1階席から…っていうのはいろんな意味で伝説ですからね（笑）。

藤田 あと、メガネをかけてソリさんの真似したのとかは知っています（笑）。

和也 ああ、あったあった！あれは結構、サポーターも喜んでいたような記憶があるよ。ってじゃあ、息吹も来年やらなきゃ！（笑）

藤田 いやちょっと、まだソリさんをネタにはできないです…（笑）。

和也 そもそもソリさんと直接話す機会、ある？

黙々と仕事に専念 しかし課題は…？

藤田 ないですね（笑）。僕に限らずそういうタイプではないと思うので。

和也 でも、あそこまで選手と話さないのは珍しかったんじゃない？ 今はコミュニケーションを取る監督が多いと思うけど。

藤田 僕も基本的に監督とかに自分から話しに行ったりするタイプではなかったので、全然大丈夫です。

和也 戦術的にどうしたらいいんだろう？ みたいにモヤモヤしたときはどうするの？

藤田 コーチに聞いて解決しちゃう感じです。今は選手と話す監督が多い傾向だとは思いますけど、僕はどっちかというとこの感じが好きなタイプです。

和也 選手同士でもあまり要求しないタイプ？ 自分の仕事に没頭するのかな。

藤田 基本的には周りを動かしたりするのは苦手なタイプなんですけど、やっぱりもう少し話していかないといけないポジションだし年齢だし…というのは感じています。

和也　俺は自分がそんなに身体能力が高くなかったから逆に周りを動かしていたよ。でもそんな息吹が周りを動かせるようになったら、もっとボールを奪えるかもしれないね？

藤田　それは感じています。「もうちょい声を出せ」っていうのは山雅に限らずずっと言われ続けてきたことなんですけど…（笑）。

和也　逆に、それでよくあんなにボールを取れるな…って思うよ（笑）。嗅覚なんだろうなあ。しゃべれたらより効率よくできるよ！じゃあ話題を変えて、ワールドカップ。そもそも海外サッカーは見る？

藤田　見ます、結構見ますね。プレースタイルとして目標にしているカンテのチェルシー（イングランド）はめちゃくちゃ見ました。スペインも好きですし、今回は推しています。

和也　優勝予想はスペイン？やっぱりイニエスタが好きなの？

藤田　というよりは、セルヒオラモスの方が。個人的にはレアル（マドリード）が好きだったんですよ。スペイン代表もレアルの選手が多いですし。

和也　職人タイプなんだよなあ。ボランチのコンビも変わるけど、それも変わったときにしゃべることはしゃべるでしょ？

藤田　自分のイメージと違っていたら言いますけど、ここはチームとして戦術が徹底しているので誰が出ても自分がいてほしいところにいてくれるので、基本的にはみんなちゃんとやってくれるのですごくやりやすいです。ハードワークは前提ですし。

和也　他のチームよりは言わなくてもいいのかな。今は誰が仲いい？

藤田　やっぱり、愛媛からずっと一緒にいるウラくん（浦田）ですね。

和也　家族ぐるみでご飯を食べに行ったりもする？

藤田　あ、します。でもウラくんくらいですけど（笑）。そこから徐々に広げていきたいかな…って感じでいるところです。

和也　人見知り？

藤田　人見知りでもありますし、家族同士のコミュニティーにもう少し入っていきたいかなというのはあります。奥さんもやっぱりこっちに知り合いがいるわけではないですし、入っていけたらいいかなと。

和也　じゃあアグレッシブに行かないと。「家族でメシ行きましょうよ」って！

藤田　そうです、そうなんですけど…なかなか自分からっていうのは苦手で。それも徐々に…です（笑）。

和也　ピッチの中でも外でも、どっちかというと黙々とやる感じだ（笑）。まあでも息吹は遊びたいタイプでもないだろうし、早々に結婚して正解なタイプだよね、きっと。

藤田　結婚して一緒に住み始めるようになってから試合に出られるようになったんです。嫁もそれをネタにしてきて「よかったねー？」って言ってきます（笑）。

和也　おお、そうなんだ。じゃあ本当に奥さんの力だね！

藤田　内助の功…と言っておかないと（笑）。

和也　いいねー。愛する家族がいて、あとはピッチで頑張るだけだね！大事なボランチとして山雅をＪ１に連れて行ってくださいよ！

藤田　はい、頑張ります！

大宮	—	松本
1		2

PICK UP GAME 5

J2 第 25 節 **2018.7.25.**

NACK5 スタジアム大宮／ 9,329 人

得点 【宮】大山（45 ＋ 3 分）
【松】永井（56 分・PK）永井（64 分）
退場 【松】中美（35 分）

絶望から一転
勢い吹き込む白星

文・飯尾 和也

走力と総力が問われる夏の連戦の２試合目。アウェイ大宮に乗り込んだが、前半に退場者を出したうえ先制点を奪われた。だがこの窮地で永井龍が２得点。大逆転を演出した。

アウェイ大宮戦は退場者を出し、先制されながらも逆転勝ち。「首位山雅」の力を見せつけてくれた戦いだった。

この試合の大きなポイントは、35分の中美の退場。しかも前半終了間際に失点したことで、1人少ない中1点を追うというこれ以上にない難しい試合展開となった。

数的不利の戦い チームとして意思統一

しかし、ここからの戦い方は見事だった。アウェイ、そして相手は個人の能力の高い大宮。中途半端に得点を奪いに行けば、ホームで退場者を出した大分戦の二の舞になりかねない状況だ。「『0－1の時間を長くすること』が後ろとしての意見だった。30分くらいがまんすれば監督が交代を使うだろうからそこから攻めるなら攻めよう」と飯田が話したように、こうした状況ではとにかく割り切れるかがとても大事になってくる。

言うのは簡単だが、これをチームとして統一して戦うのはかなり難しい。守備の選手は飯田のように考えるが、前線の選手は早く得点を奪い返したいと考えがちなもの。統一感が図れず無理してボールを取りに行くことによって逆に相手にスペースを与え、好き放題やられてしま

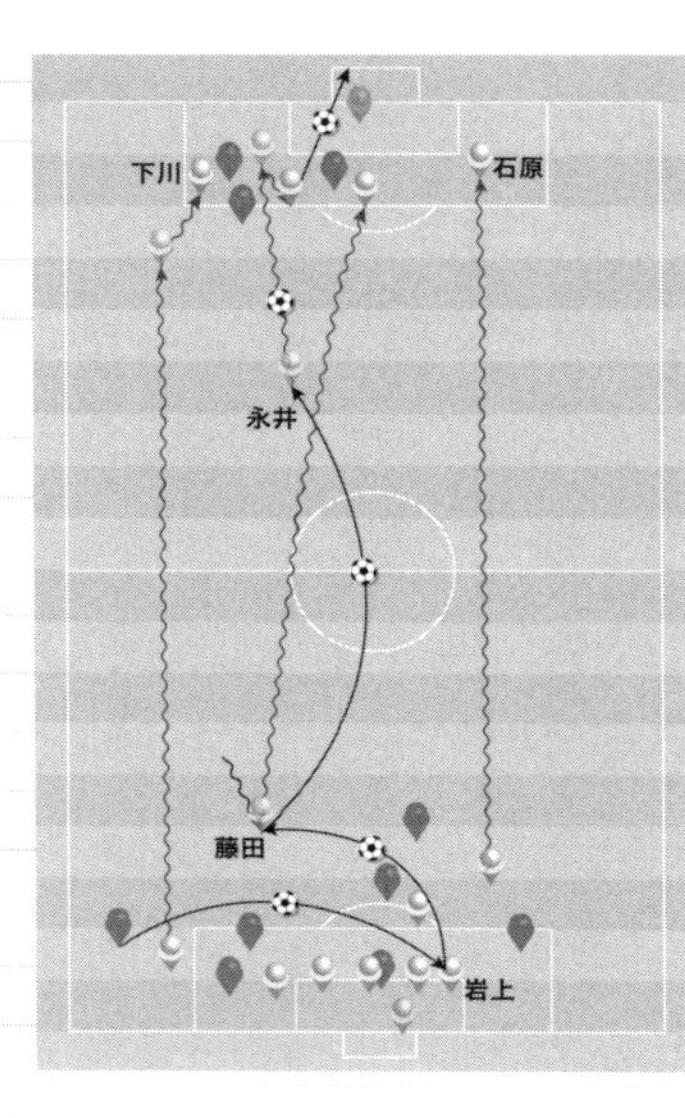

64分、自陣深くからのカウンターで永井が勝ち越し弾

うのもよくあるケースだ。

しかし山雅は反町監督のシステム変更も含め、しっかり守って一刺しする意思統一がしっかりできていた。それが大きな勝因だろう。PKで同点に追い付いてからも変わらず、統一感のある守備をしながらチャンスをうかがう。そして64分に見事な勝ち越しゴールが生まれた。爽快な永井の逆転弾を振り返ってみよう。

大宮は10人の相手に追いつかれたため、メンタル的には焦りも生まれていたのだろう。得点を奪うため、前がかりになっていた。そんな中、自陣で相手のクロスを岩上がクリアしたボールは藤田の足下へ。藤田が鋭い永井の背後への動き出しを見逃さず、浮き球のスルーパスを供給した。

シンプルなこのパスが1つ目の大きなポイント。ボールを受けた永井は一瞬抜け出したかのように見えたが大宮DFに対応されてスピードダウンしてしまったが、ここから永井を助けたのが山雅の武器である「走力」だ。パスを出した藤田をはじめ自陣で守備をしていた石原、さらに下川がトップスピードで永井を追い越していく。

すると相手DFは惑わされ下川につられ、永井にシュートコースが生まれた。ターンして右脚を振り抜いた永井が逆転弾。大宮は10人の相手から絶対に勝ち点3を取らなくてはならない心理状態にあり、攻撃から守備の切り替えが遅くなっていた。そうした心理的な要素も逆手に取ってしっかり守り、チャンスと見ればトップスピードで攻撃に人数をかける。狙い通りのカウンターアタックだった。

強烈な外国籍選手2人 巧みに封じる

逆転に成功し、後はアディショナルタイムも含めて約30分。この1点を守るだけとなった。

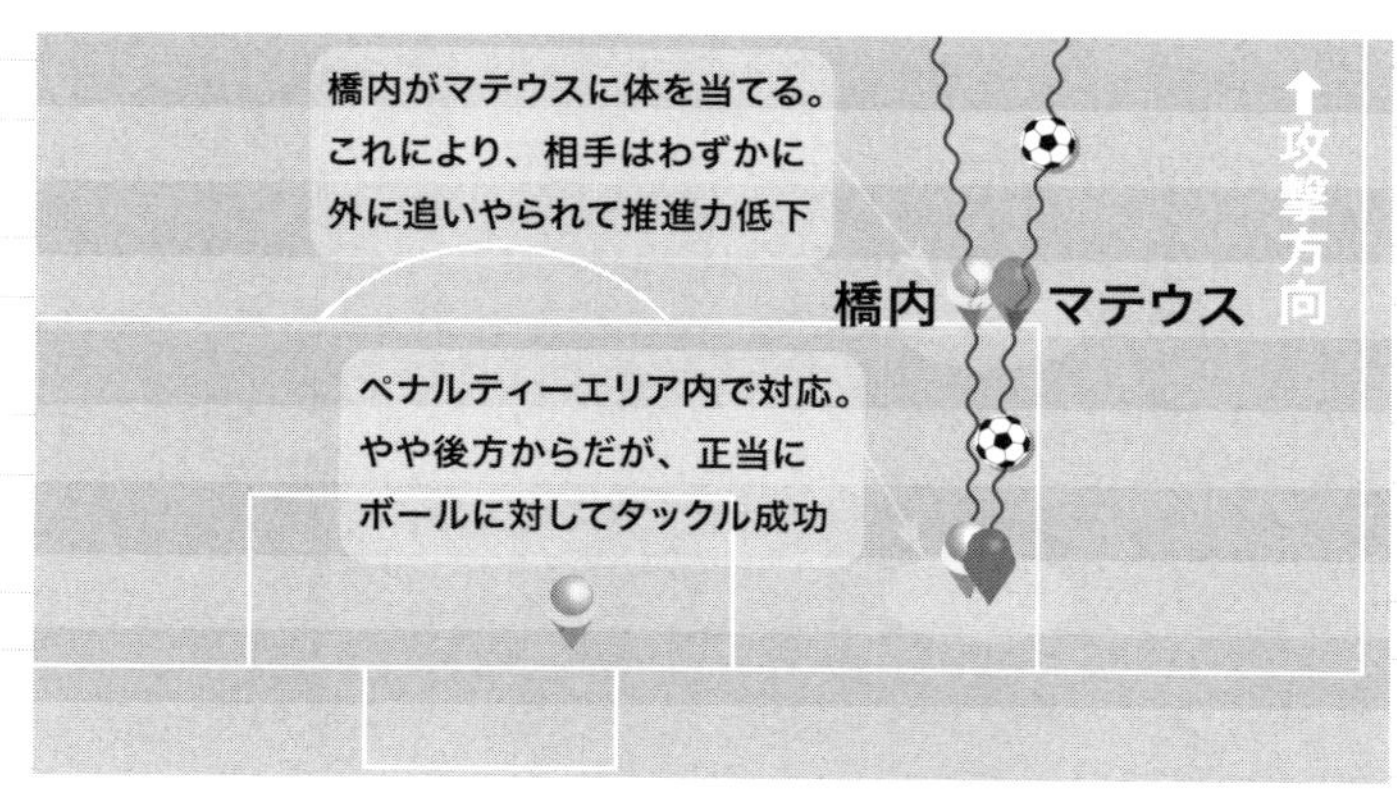

73分、橋内がマテウスの攻撃を食い止める

ただ相手は、前回対戦時に3－0から2点を返された大宮。エース大前元紀は途中交代したが、199センチの長身ロビンシモヴィッチと快速のマテウスは、「わかっていてもやられてしまう」圧倒的な個人の能力がある。彼らをどう抑えるのかに注目して見ていたが、ここではマテウスのスピードを封じた73分のプレーを振り返ってみよう。

相手のクリアボールがマテウスへ。マークに付いていた飯田がかわされ、カバーに入った橋内と広大なスペースがある中での1対1となった。僕も大宮の試合は何度も見ているが、スピードに乗るとマテウスはかなり厄介な相手。このようにスペースがある状況で突破を許し、強烈

な左脚でゴールを奪われている場面を何度も見ている。非常に危険な場面だった。

だが飯田はかわされた瞬間、マテウスが次のボールタッチをする前に素早く寄せてわずかに自由を奪って間合いにさせなかった、スピードに絶対の自信を持つマテウスはお構いなしと言わんばかりに強引に縦へ仕掛けてきたが、橋内は1度マテウスにボディコンタクト。スピードをほんのわずかだが緩めさせ、タックルでボールを奪い切ったのだ。

このタックルもペナルティーエリア内だったため絶対に間に合うタイミングで仕掛けなければならないが、このコンタクトによりパーフェクトなタイミングで遂行できた。おそらくは本能的なものだと思うが、橋内のスピード、体の当て方や強さ、状況判断、全ての対応がうまくいかなければ強烈な左脚でゴールを射抜かれても不思議ではない場面だった。

さらに前回対戦ではシモヴィッチへのロングボールに対応しきれず2失点を喫したが、今回は10人という厳しい条件の中でミッションに成功。シモヴィッチに対しては基本的に橋内がしっかりマークにつき、飯田もペナルティーエリア内でシモヴィッチを監視。包囲網をつくって得点を許すことはなかった。チームとしても前回対戦時の反省が生かされた、見事な対応だったと思う。

逆境にも負けずタフに戦い抜いた選手は本当にすごかったし、たくさんの感動とパワーをもらった。だが、「今日はサポーターのおかげ」と岩上が言ったように、退場者を出して数的不利にも関わらず選手の足が動いた大きな要因は、平日にも関わらずホーム同様の雰囲気を作り出したサポーターの皆さんの熱い声援だったことは間違いないだろう。

Talk of a Soldier of Gans and Corazon

守田達弥 × 飯尾和也

GK は中 1 から。身長が大きかったのでなりました（笑）

TATSUYA

和也　今回の対談ゲストは、皆さんお待ちかねのこの人…守田達弥選手です！開幕戦から先発フル出場を続け、191センチの高さを生かしながらも安定したプレーで絶賛活躍中。7月のJ2月間MVPにも輝きました！今回は首位・山雅の守護神にこれまでの振り返りやサッカー歴、そして日常生活などいろいろな角度から突っ込んで聞いていきたいと思います。よろしくね！

守田　よろしくお願いします。

7月のJ2MVP 細部を詰めて堅守の礎に

和也　いやあ、まずは首位だよ、首位（笑）。失点が少ないのはGKがやりやすくプレーできている証拠なのかなって思うけど、どう？

守田　やりやすいです。チーム全体で守備の意識がすごく高いからチームとしてやることが明確なので。自分自身としても、試合に出られているし結果も出ているので充実しています。

和也　守備の選手はやりやすさを感じるかもね。

守田　前の選手も頑張ってくれるのが大きいです。それこそアルウィンはありがたいことにお客さんがたくさん来てくれるから声が通らないしコミュニケーションは取りづらいけど、普段からやるべきことを整理しているので問題はないです。

和也　今までのチームではどうだったんだろう。GKコーチにもよるのかな？

守田　チームによって求めるスタイルが違いますからね。例えば今季で言えばジェフ（千葉）だったらGKにも繋ぎの部分をすごく求めるだろうし、その代わり失点数で見たらすごく多いわけで…そのチームスタイルによってGKに求められてくるスキルも全然違うのかなと思います。

和也　今はGKにも足元の技術が求められる側面はあるよね。

守田　千葉とか大分とか、そうですよね。でもアルウィンでの千葉戦は逆にうちがそこを突いて得点しているし、リスクは当然あるのかなと。

和也　俺もセンターバックだった現役時代を思い出すと、自分がミスしたら後ろにはGKしかいない…っていうだけで怖かったけど、GKの場合は誰もいないわけだからね。

守田　ですね。そういう失点は絶対にしたくないです。例えば中盤の選手だったら「ここ1本通せば一気にチャンスになる」という局面があるかもしれないけど、GKの場合は「ここを通しても…どうなの？」っていう（笑）。もちろん攻撃の第1歩として確かに大事ではあるけど、山雅のベースはどちらかというと守備にありますよね。なので、ハイボールの処理とかそういう部分で自分の特徴を出すことがチームのスタイルにそのまま合っているのかなと思います。

和也　うんうん、頼もしいね。振り返ればシーズン序盤はチームとしても苦しんだけど、今となっては失点数がリーグ最少。細かい部分の詰めもだいぶできているようになっているのかな。大変だったとは思うけど。

守田　そうですね。そんなにこう、ソリさんがGKに対して言ってくるということはなくて、そこはGKコーチの（中川）雄二さんと話すことが多いです。チームとしてやることが明確にあって、そこに対してGKがどう関わっていくかというスタンス。ベースがあるぶん「じゃあどうすればいいのか？」というのはリンクさせやすかったです。

和也　具体的にはどういうことを雄二さんと話しているの？

守田　例えばシュートを打たれそうになったシーンがあったとして、ゴール前に人がすごくいるけどボール（ホルダー）に行けないと、GKの視線からブラインドになって反応できない場合があります。そのときにソリさんが言う1歩とか1秒にこだわってやるということに立ち返れるんです。1歩前にいてくれるだけで違うし、シューターに対して体を投げ出してくれるのでコースも限定されるし、寄せてくれることによって自分もボールが見られます。これが中途半端な距離だとブラインドになっちゃったりするので。

和也　なるほどなるほど。でも相手FWもいろんなタイプがいて、股を抜いてくる選手もいるよね。あの処理は難しいんじゃない？

守田　ああ、難しいですね。なので、ある程度至近距離になったときは「コースを切らなくてもいいから股だけは防いでくれ」って言ったりもしています。多分、ＦＷの選手もＤＦが股を開けるのを待っているんだと思いますし。

和也　そういう本当に細かい部分もＤＦとの連係だもんね。コースを切れていると思って脚を出すと、今度は股を抜かれる危険性が出てくるわけで…。

守田　それもゲーム中のシュートを打たれた場面とかトレーニング中とかにすり合わせています。何気なくシュートブロックしているシーンとか何気なくシュートを止めているシーンとかも、そういう積み重ねがあってできていると思います。

和也　うんうん。しっかり話し合って堅守を構築できているってことだろうね。味方がどういうＤＦなのかっていうそれぞれのクセとか特徴もあるだろうし。でも全体的には、失点が減ってきたからすごく安定した戦いができているよね。

守田　そうですね。逆に後ろが崩れたら絶対にこの順位にはいられないし、後ろがまず安定することが上に行くには絶対に必要な条件だと思っています。

和也　堅守の結晶とも言えるのが、7月の月間MVPだよね！

守田　ありがたいです。でも自分がどうこうというよりは、チームとしての守備が機能したうえで失点が減って選ばれたものだと思っています。

和也　これからも期待していますよ！じゃあちょっとこれまでのサッカー歴とかを聞いていきたいんだけど、千葉県出身で京都からプロのキャリアが始まったんだよね。

J1京都でデビュー　富山では山雅とも対戦

守田　そうです。高卒から京都に3年半いて、富山に1年半、新潟に4年ですね。

和也　身長は昔から高かったの？

守田　高校に入るくらいで182センチくらいでした。

和也　今はさすがにもう伸びてない？

守田　もう伸びてないです（笑）。高校卒業するときに190ちょうどくらいになっていて、2年目のメディカルチェックをするときに191・6でした。

和也　「ジャンボ」ってあだ名がつくだけあって、やっぱり大きいよなあ（笑）。GKはいつからやっていたの？

守田　中1からですね。それまではフィールドもやっていました。GKは正直イヤではなかったんですけど、身長が大きかったのでなりました（笑）。あとは中学のときに1学年上にGKがいて、その人はフィールド（プレーヤー）としても良かったんです。それで当時の監督が「だったらサイズのあるGKを置いてやればいいんじゃないのか」と言って俺がGKになりました。

和也　GKは特殊な世界だけど、スキルとかは教わっていたの？

守田　いや、中学校のときは何もなかったです（笑）。

和也　それで、高校は習志野だよね。選手権とかインターハイには出た？

守田　いや、選手権もインターハイも千葉県ベスト4どまりです。インターハイで流経（流通経済大柏高）に負けて、選手権で市船（市立船橋高）に負けて壁を越えられず…（笑）。

和也　まあ、その校名を聞くだけでも、千葉を勝ち抜くのは相当に厳しいよね…。それで、当時からプロになりたいっていう希望はあったの？

Talk of
a Soldier of Gans and
Corazon

守田　もともと大学に行こうと思っていたんですけど京都に練習参加してオファーが来たので、どうせやるならプロに挑戦してみようと思いました。

和也　当時の京都には誰がいたときだろう。J1時代だよね？

守田　そうです。ディエゴとか讃岐の渡邉大剛さんとか広島の水本（裕貴）さんとか、メンツは良かったと思います。（工藤）浩平さんとも一緒だったし、今の千葉にいる佐藤勇人さんも…あとはシジクレイとかもいましたね。

和也　おお、懐かしい名前だなあ…シジクレイ。スキンヘッドのね。高卒でプロになって、そうそうたるメンツの中で京都では出番があったの？

守田　2年目（の2010年）に残留争いをしているときに出番が回ってきて、デビュー戦で完封勝ちしてそのシーズンは残り13試合に全部出ました。それでもJ２に落ちてしまって、11～12年途中までの1年半くらいはずっとサブで、そのタイミングで富山から「GKにケガが多くて来てくれないか」という話になって行きました。１年半富山にいましたけど、山雅と対戦したときはほとんど負けてばっかりだった記憶があります（笑）。

和也　１回だけボロカスに負けたんだけど、そのときは出てないのかな？

大枝　…えーっと、２０１２年の第６節（０－３）ですね。このときはまだ移籍してくる前のタイミングになります。

和也　おお、なるほど。じゃあ確かに負けの記憶しかないか…（笑）。ちなみに雄二さんとは富山時代からの付き合いだよね？

守田　はい。最初半年のとき雄二さんはユースのGKコーチをやっていたんですけど、その次の1年間（２０１２年）はまるまる見てもらっています。現役のときは一緒にやっていないですけど。

和也　うんうん。それにしても、京都で初めて試合に出たのは20歳っていうのは…早いよね。

守田　そうかもしれません。山雅で言えば今のドンちゃんくらいのときですからね。チームがうまくいかず失点がかさんで「GKを替えるか？」みたいになるよくあるパターンだったと思うんですけど、それで起用された試合を完封して結果を出せたのが大きかったです。

和也　それで、ここまでは新潟時代も経て順調に経験を積み重ねている感じがするもんね。ちなみに理想のGK像っていうのはある？

守田　ゲームの中で勝敗に直結するターニングポイントっていくつかあると思うんですけど、そのうちの「ここを止めたら」というところで活躍できるのがいいGKだと思うし、そうなりたいですね。それこそずっと攻めていても1本でやられたりセットプレー一発でやられちゃったり。なかなかボールを触っていないとGKもリズムをつかみづらい部分があるしボールに触る機会が少ないと結構ゲームに入るのが難しいけど、そんな状況でも自分の中で集中力を高めていざ来たときに力を発揮できるのがいいGKだと思います。あとは、仮に失点してもその後に崩れないことも大事だと思います。

和也　うんうん。海外とかの試合は見る方？

守田　時間があるときに見ます。クルトワ（レアルマドリード）とオブラク（アトレティコマドリード）が好きですね。

和也　ミスの映像を見たりはする？

守田　ワールドカップでデヘア（スペイン）がそらしちゃったり、ムスレラ（ウルグアイ）がキャッチを失敗したり…ああいうのも「わかるな…」って思ったりはします。だからといって、自分がミスをしても大丈夫だとは思わないですけど（笑）。

和也　同情できる部分はあるよね。

守田　一発でキャッチがハマれば次の攻撃にも移れるしいいけど、落として取るのか弾いちゃうのか、大舞台で一発キャッチしに行こうとしたのかな…とか考えたりはします。

和也　サッカーってそういうスポーツだけどミスはあるからなあ。出たときに無理矢理にでもどう立て直すかっていうのは大事だよね。

守田　そうですね。そういう意味では川島（永嗣）選手があんまりうまくいっていなくてもピッチに立ち続けて、短い期間の中で最終的にはいいパフォーマンスに持って行ったのは本当にすごいと思いました。大変だろうなあ…と。

和也 ＧＫはミスが目立っちゃうポジションだからね…。でも、次は自分がそういうビッグな存在になっていってほしいよ！サイズもあって十分に1番手でいけるだけの力はあると思うんだから、ここで最少失点でＪ１に上がって、ね。

守田 まずはＪ１に行かないといけないですね。

3児の父 家庭では面倒見のいいパパ

和也 うんうん。じゃあ最後に、プライベートもちょっと聞いていこうかな。既婚だけど、奥さんとはどこで知り合ったの？

守田 奥さんは中学校の先輩です。

和也 へえ！そこから付き合ったの？

守田 それは高校からですね。

和也 …告ったの？

守田 …それはちょっと覚えていないですけど（笑）。

和也　まあ、覚えてないわけないよねー（笑）。でもこれ、一番好感度が上がるパターンじゃん！

守田　そうですかね？載せておいてください（笑）。京都にも一緒に来てくれて21歳で結婚して、プロ生活も隣でずっと支えてくれているので感謝しています。

和也　子どもは？

守田　3人です。6歳男、4歳女、3歳男です。今年にもう1歳ずつ上がります。一番上が小学校1年生になりました。

和也　じゃあ子育て大変じゃん。でもすごく手伝いそうな感じがする！

守田　子どもの面倒は見ますね。家事はできないですけど（笑）。お風呂は3人とも入れます。1人ずつ出して行って奥さんが体を拭いたり。

和也　選手としてはゆっくり風呂に入りたかったりしないの？

守田　そういうのは特にないですね。家族がこっちに来る前は温泉に行ったりもしましたけど、今は家です。3人入れていたら結構温まっちゃうんで、水を片手に水分補給しながらやっています（笑）。

和也　ほかにはどこか遊びに行ったりもしているの？

守田　この前ラーラ松本に行きましたよ。ウオータースライダーとかもあって結構人がいましたね。

和也　じゃあ気付かれたんじゃない？

守田　いや、特にそんなこともなく（笑）。

和也　でもこっちの人は気付いていても遠慮して声をかけないパターンも多いからね。知り合いのサポーターから「守田選手いました、めっちゃカッコよかったしオーラが違いました」って話を聞いたりするもん（笑）。

守田　えっ、そうなんですか!?…でも、オーラとか特にないっす。あとは多分、選手だとはわからなくても「うおっ、デカっ！」みたいな感じで見られることはありますね。スーパーで買い物しているときに、おばあちゃんに見上げられたり（笑）。

和也　まず見るよなあ、ただものじゃないだろうと（笑）。じゃあ普段はそんな感じの日常なんだ。早く結婚して子どももいて、奥さんとは仲がいいの？

守田　はい、いいと思います。

和也　チームメイトとご飯に行くこともあるでしょ？

守田　この間GKでご飯に行ったりはしましたし、それ以外でもたまに行きます。

和也　まあでも、子どもの面倒を見ないといけないしね。

守田　だから、ご飯に行くときはすごく申し訳なさそうに「あのー…行ってきてもいいですか…?」って感じでお伺いを立てます（笑）。次の日がオフでも眠たいとか言っていられないな…って感じで。

和也　「既婚選手あるある」だね（笑）。シャキッと起きて、徹底しているね。みんないい旦那さんなんだなー。俺は想像つかないよ。今も子どもはいないし、現役時代も結婚はしていなかったから。いたら疲れただろうなあ…と。

守田　口には出さないけど怒っているだろうな…と思ってちゃんとしよう！って心がけています（笑）。

和也　空気を読むタイプやね。思った通りだ（笑）。あとはじゃあもう首位だし、昇格目指してまっしぐらだね！

守田　首位だってことを特には気にしていませんけど、そうですね。順位表を見ると上のチームとあんまり対戦していないなと。上に行ってもおかしくないのに

下にいるチームとかに対してはしっかり結果を残しているし、落としちゃいけないところでしっかり勝てているということはあると思うので。いずれにしても気にする時期じゃないしここからだと思います。アウェイでもホームでも期待はすごく感じるので応えられるようにしたいです。

和也　つかみ取ってください。そして日本代表にも！

守田　頑張ります！

安田生命 J2 LEAGUE
matador
石原
藤田
amada
ECHNICAL
株式会

登頂成功／2018シーズン終盤戦

4

第29節
〜
第42節

福岡	―	松本
0		1

PICK UP GAME 6

J2 第 32 節 **2018.9.8.**

レベルファイブスタジアム／ 9,090 人

得点 【松】ジネイ（90+1 分）

警告 【福】篠原

【松】橋内

終了間際に劇的弾
停滞感を払拭

文・大枝 令

２連敗を含む３戦勝ちなしで迎えたアウェイ福岡戦。Ｊ１昇格を争う上位対決はスコアレスのまま時間が過ぎていた。だが試合終了間際、ジネイが「奇跡的な恩返し」を見せた。

土壇場に劇的弾 福岡破り4試合ぶり白星

山雅は土壇場の決勝点で死闘を制した。両チームとも前節から先発を替えずに対峙した一戦。山雅はセットプレーから再三チャンスを得るが、福岡の硬いゾーンディフェンスを崩せず。逆にＦＷドゥドゥを軸とした縦に鋭い福岡の攻撃も水際で食い止め、4試合ぶりの無失点で切り抜けた。試合が動いたのは後半アディショナルタイム。自陣で得たＦＫを岩上が相手ゴール前に長く蹴り込むと、ジネイが迫力満点のヘッドを決め、福岡の堅守をこじ開けた。残り時間は相手の猛攻を必死でしのぎ、歓喜のホイッスル。4試合ぶりの白星を挙げ、今季通算17勝9分6敗で勝ち点を60に伸ばした。町田の試合が9日に組まれているため、暫定で首位。

ジネイ 勢い吹き込む値千金の鮮烈ヘッド

耐えて耐えて耐え抜いた末に、特大の歓喜が待っていた。

後半アディショナルタイム、相手ハンドで得た自陣センターサークル付近のＦＫ。途中出場

の岩上は、飯田ら最終ラインの選手も相手ゴール前に上がるよう要求した。それまでの90分間を振り返ると、スコアレスドローで終わっても上々の内容ではあった。それでも「引き分けでは終わらせない」という勝利への強い意思が、岩上をそんな行動に駆り立てた。

ゴール前へ長いキック。このボールに186センチのジネイが競り勝ち、見事にネットを揺らした。1試合平均の被シュート数が7・6本とリーグ1位の少なさを誇る堅守・福岡から土壇場でゴールを奪って劇的な白星。反町監督は試合後の会見で「狙ったかどうかはクエスチョンだが、彼（ジネイ）の良さが出たのはうれしく思っている」と総括したが、2人への取材からは明確な狙いがあったことが浮かび上がる。

指揮官の想像を超えて、選手はたくましくなっているのかもしれない。

まずはキッカーの岩上。「ジネイとはこの前の練習試合で一緒にやっているし、どういう強さを持っているかは把握しているつもりだった。GKに取られない滞空時間の長いボールを蹴れば（ジネイは）助走がついていて相手DFはスタンディングなので勝てる」と、確かな根拠に基づいてボールを供給した。

そしてジネイだ。相手DFよりも頭一つ高い打点で、ゴールエリアの外からネットを揺らした。「祐三との相性はいい。来て間もないがコミュニケーションがしっかり取れているし、意思統一していてボールが来ることは感じていた」という。「エリア内でのプレーや高さなど、

自分の長所が全て出たゴール。ボールが来る前に1度GKを見て、少し（前に）出ていたのも冷静に確認できた」と、その頭上を越える鮮烈な弾道。「ブラジルに帰る1日前に松本山雅が拾ってくれた恩を返せてうれしい」と喜んだ。

この助っ人ブラジル人FWが素晴らしい理由は、このゴール以外の部分にもある。自身がスポットライトを一身に集めて当然のシチュエーションにもかかわらず、「（自分がピッチに）入る前も入ってからもチームは必死に泥くさく山雅らしく戦っていた。みんなで取った勝ち点3、みんなで取ったゴールだと自分では認識している。自分がヒーローという感覚は一切ないし、みんながヒーロー」と笑顔で言う。

確かにその言葉通り、勝ち点3に至るまでの道のりは忍耐の連続だった。福岡の迫力ある攻撃に押され、思い出されるのはピンチばかり。34分に自陣左のCKが相手の眼前にこぼれたが、シュートはGK守田が鋭い反応で防ぐ。87分にも迫力満点の波状攻撃でゴールを脅かされたものの、間一髪のところで食い止めた。大一番で集中を保って切り抜け、浦田は「(1－3と逆転負けした) 横浜FC戦のように後ろ向きにならず、前から行くという部分は意識していた」と喜びに浸っていた。

雨のレベスタで勝利 残り10試合へ弾み

シーズン残り10試合を占う上で、この日の劇的勝利は勝ち点3よりも重い意味を持つ。くしくも2014年にクラブ初のJ1昇格を決めたレベルファイブスタジアムで、当時と同じ雨のナイトゲーム。岩上が「このスタジアムは昇格したとき以来だが、雨で同じコンディションで似た雰囲気だと思っていた」と言えば、田中も「当時とメンバーは違うが、福岡の地に降りると感じるものがある」という。やはり、福岡は特別な地なのかもしれない。

2年前は勝ち点84を積み上げながらも昇格できない悲運のシーズンとなり、昨季は最終節でJ1昇格プレーオフ進出を逃した。悔しさにまみれてきたこの2年間の経験を、今こそ生かさなければならない。田中は「選手は替わっているけど、去年一昨年の悔しさはチームとして味わっているのでみんなで共有したい」と力を込める。

難敵相手のアウェイで途中出場の2人が終了間際に試合を決める…という内容は、次節以降に向けた無上のエネルギーとなる。だが、守田は前節の福岡が大分との「バトルオブ九州」で終了間際に決勝弾を決めたのを引き合いに出し、「自分たちは劇的な勝ちの後でも足元を見て次に臨まないといけない」と口元を引き締める。そう、今の山雅には油断も慢心もない。全てを懸けて、残りのシーズンを駆け抜けるのみだ。

Talk of a Soldier of Gans and Corazon

橋内優也　×　飯尾和也

嫁さんはサッカーに厳しいです（笑）。『３点目のマーク誰やった？』ってLINEが……

YUYA

和也 今回の対談ゲストは橋内優也選手です！山雅に来て2年目の今シーズン。最終ラインの真ん中に入っているだけでなく、キャプテンマークも巻いてチームの中心となっています。シーズン残り試合がどんどん少なくなっているいま、何を考えてどう行動しているのか…深い話を聞いていきたいと思います。よろしくね！

橋内 よろしくお願いします。

和也 っていうかまず、髪伸びたね（笑）。

橋内 ちょうど切ろうと思ってるところです（笑）。ホームで連敗してしまったので別に引きっているわけじゃないけど「何かを変えたいな」と。そうすると髪ぐらいしかないいし、あとはスパイクの色も変えました。

キャプテンマークは赤 ゲン担ぎ多々

和也 なるほどなるほど。あと最近だと、山形戦のときにリスペクト宣言を読んだよね。あれは初めてだったの？

橋内　いやあ…難しかったです（笑）。「自分の声がこだまして遅れて聞こえてくるからどこを読んでいるかわからなくなるよ」って聞いていたのでゆっくりしゃべろうと思っていたのに、それでもかなり遅れてきて「あ、ヤバいヤバい…今どこだろう⁇」ってなって、どんどんわからなくなっちゃいました。

和也　一瞬戸惑ってた感じがあったからね。マイクの反響があって難しかったというところは皆さんにもわかってもらおう。でも、試合前に試合以外のことを考えるのって大丈夫なタイプなの？

橋内　いや、実際キャプテンマークも忘れちゃって直前にもらいに行ったんです。「早くピッチに出なきゃ」「きょうはいろいろあるな」っていうので忘れちゃいました。（リスペクト宣言を）読んだ後でジャンボ（守田）に「ハシくん、キャプテンマーク忘れてるよ」って言われて、それまで全く気付きませんでした（笑）。

和也　そう。「あれ、きょうは着けないのかな？」って思ってたんだよ（笑）。色はいつも赤だよね？

橋内　最初はマネージャーが色を決めていてくれたんですけど、赤が好きなので。（第6節の）アウェイ山口ぐらいから「その色にしてね」て言ってから勝ち出したんです。だからジャンボが途中で巻いていた時期も「赤はハシくんの色だから違うのにしよう」って言っていました。なんとなくですけど、選手ってゲン担ぎじゃないですけど小さいことにこだわっているじゃないですか。ほかにもやっていることがありすぎるんですが（笑）。

和也 こだわる人はいるよね！ほかには何か面白いの、ない？

橋内 試合前に円陣が解けてダッシュした後にジャンプを5回するんですけど、それは東海大五高（現東海大福岡高）で決まっていた流れですね。っていうか円陣ですけど、最初は僕もビックリしました。キャンプの練習試合ので普通に最初パッと出たらみんな走るから、「ああ、走らなきゃいけないのか」って（笑）。

和也 俺はソリさんが来て最初の試合に出てたけど、そういう指示はあったかなあ。でも、最初は言われたんだろうな。

橋内 今までのチームは円陣を組んでハイタッチをする流れだったので、「あれ？そういうこと？」みたいな感じで把握しました。あとはピッチの入り方も「パパパンパン」みたいな感じのリズムで入ります。見せるためにやってるわけじゃないので注意して見られると恥ずかしいんですけど（笑）。

和也　結構ハッシーはそういうのやるタイプなんだね。

橋内　最初は何もなかったんですけど、他の選手がやってるのを見て「いいな」って思って始めました。そうしたら自然と「そうしないとダメだ」みたいな感じになっちゃって、実際にはやってもやらなくても多分変わらないんですけど、今はもう逆に普通にピッチに入れないし、円陣を解いた後にジャンプしないという選択肢がないです。

和也　そういうのは読者の皆さんも興味があると思うから今後も小出しにして行ってもらうとして、本題のサッカーの話をしよう（笑）。今年はやっぱりキャプテンというのが一番大きいかなって思うんだけれども、実際にどう？

橋内　そういうことを意識して、すごくいろいろやるようになりました。キャプテンという立場も（3バックの）真ん中というポジションも、今シーズンはいろんな初めてのチャレンジになっているので。

和也　ポジションの違いっていうのはどう？3バックの右と真ん中は。

「全員戦力」のスタンスで チームを束ねる

橋内　真ん中の方が難しさを感じています。本当にちょっとしたことが失点に繋がるしチーム全体に影響を与えますから。サイドなら正直ちょっとスピードでカバーしたりできる範囲でうまく対応できるんですけど、真ん中は自分が動いたり人を動かしたりしないと全部ポジションがズレて、より失点に直結すると思います。あとは見えていないようなミスでも始まりは自分のところだったりっていうこともあるので、そういう意味でも難しいと思いますね。

和也　スライドのずらし方ひとつでも全然違うもんね。

橋内　やればやるほど難しいです。最初は何となく自分の感覚と監督のやり方と思っていることをやればなんとなくうまくいっていたのが、プラスアルファの部分も少しずつ見えてきて。でもチーム全体の成熟度としては悪くないし、実際に3試合連続で無失点も続いていました。山形戦は3失点しちゃいましたけど、さかのぼっても流れの中で失点しているシーンというのがあまりないですよね。失点を振り返ると相手がスクランブルをかけてきている状態だったり、セットプレーの対応だったり、自分たちのミス。流れの中で大きくチャンスをつくられているのはあまりないかなと思っています。

和也　失点するしないじゃなくて、ピンチの数が減ってきたよね。

橋内　だからこそよりもっとよくできるし、それさえ減らせばもっともっと堅くできると思っています。実際に3試合失点しなかったのはその前のホーム2連敗でセットプレーやその流れで失点してしまっていて、監督が口酸っぱく「1歩、1秒」を意識してやった結果です。3失点した山形戦もやっぱりセットプレーだったし、最後のパワープレーだった3失点目もスローインだからセットプレーなので、どこをどうすればいいかは明白です。残念なのはシモ（下川）が「身に染みた」っていうコメントをやられた後に出していたけれども、そういう話をしてずっとやってきてるんだよっていうのを今じゃなくてもっと感じていてほしかったなっていうのはありますが。

和也　シモのコメントもよくわかるし、自分が体感するとすごくよく分かるんだけどね。

橋内　彼はこれからの選手ですし、痛感してもっと上に行ってくれれば俺らの力になりますからね。そう言う自分も失点に絡んでいる部分もあるので大きなことは言えないけど、チームとしてそうなる前にそれだけ大事なことを言っているんだよ…ということをもう少し肌で感じてもらって、どれだけサッカーにフォーカスしてやらなきゃいけないのかっていうのは思いました。

和也　前半戦はかなりそういう部分がマイナスに作用してやられている部分もあったけれど、今はずっと練習から積み重ねてきた成果が今出始めてるのかなっていう時期だよね。

橋内　最初勝てなかったけど今この位置にいるのは、ここにいる選手とスタッフ全員の力です。だからあまり悲観的にならず、自分たちがやるべきことをしっかり残り試合で頑張ってやっていければ自ずと結果は出せるんじゃないかという自信はあります。大事なところで勝ち点を落としていることもあるけど、リーグ42試合を戦った後にどこにいるのかということが重要ですから。積み重ねの結果として今の順位にいるし、残り試合でさらに同じことを続けながらプラスアルファ足りないことをどんどんどんどんやっていくしかないと思います。

和也　去年はシーズン終了後の対談で1年間を振り返ってもらって「本当にチームとしてサッカーと向き合っていたのか」っていうことを言っていたけど、今年はその完成形を見せてほしいよ！

橋内　あとはずっと言っていますけど、このチームは出ていない選手もベンチの選手も本当にクサることなく一生懸命やってくれているって言うのが本っっっ当にプラスなことです。

和也　それも含めてのチーム力だからね。そういう意味ではレベルが高い集団になっていると思えるのかな？

橋内　思いますね、やっていない選手が逆に浮く雰囲気になっています。本当に感謝しているし、それがやっぱり試合で必ず力になります。そういう積み重ねも今この位置にいる理由だと思います。夏以降にケガをした選手もいるけど、みんなが一生懸命トレーニングを積んで切磋琢磨して代わりに入った選手が力になってくれていますから。例えば福岡戦は（岩上）祐三からジネイのゴール。出ていない2人からの得点ですよね。（岡本）トモも頑張っているし、トモはホーム金沢戦でパウロの代わりに出たときに活躍してくれました。僕自身がケガしたとき

も（岩間）雄大くんが色々やってくれたりして、（前田）直輝とか（工藤）浩平くんが移籍したときも代わりにシャドーに入った選手がどんどんやってくれているし、（中美）慶哉はアシストも記録してくれている。それは本当にこのチームのいいところだと思います。

和也　日頃から本当に突き詰めていないとできないことだからね。ハッシーはキャプテンっていう立場も、チームを勝たせたいっていう思いも強いだろうし。

橋内　試合に出ているか出ていないかってあんまり関係ないと思っていて、全員が戦力だしトレーニングが大事で、それが試合の成果に繋がると思っています。ピッチの上で監督が求めていることを全力でやれる人数が1人でも多いチームが勝つんだと。それに、11人だけでサッカーをやっているわけじゃないし30人以上で42試合をやるわけですから、そういう選手が1人でも多くなるように、目をそらさないように集団から外れないように気を配っています。その代表格はハユさん（田中）ですよね。最年長であれだけやっているので。

妻にサッカー指南 毎試合「ダメ出し」受ける

和也 ソリさんがハッシーをキャプテンに立てたということは、やっぱりそういう部分をしっかり考えているってことを感じたからなんだろうな。自然とそういうところまで目を向けられるから、頼もしい限りだよ。そういえば、子どもはすくすく育ってる？プライベートは充実してるのかな。

橋内 色んな所に遊びに連れて行っています。この間も茶臼山動物園に行きましたよ。うちの子は1歳8カ月ぐらいで全然しゃべれないんだけど、トラを見て「あー、ああー」って言ってるから「それトラやで」って言ったら「トラ!?」みたいな感じで聞こえたんで、2人とも親バカで「これ絶対トラって言ってるよ」「めちゃめちゃ面白いよなぁ」って2人で言ってました（笑）。

和也 うんうん。パパはちゃんと認識されてるの？

橋内 ママばっかりなんですよ。俺の顔を見て「ママ」って言うから、「ママやないパパや」って言うんですけど（笑）。ほんま腹立つのが抱っこしてて「ほらパパにチューは？」みたいなにすると俺にはすごい嫌な顔するんですよ。それで嫁さんがスッと近付くと絶っっ対にママの方にチューしに行くんです…めちゃめちゃ悲しいです…。

和也 まあ、子どもはやっぱりママが好きってことかな。あとはヒゲが痛いのかもね（笑）。夫婦は相変わらず仲がいいのかな？

橋内 嫁さんはサッカーに厳しいです（笑）。「俺きょうあのプレイやらかしたなー」って思って帰ったら、「言われへんやろな」って思うことまで言われます。俺はもう「確かに…そうやな」ってしか返せないです。

和也 へえ、そうなんだ！ケンカにならないのならないいけど。特に負けた後って「自分でもわかってるから！」ってならない？

橋内 ならないですね。こないだの山形戦も嫁さんはわかってるんですよ…。「3

点目のマーク誰やった?」ってLINEが速攻で来てました。

和也 結構メンタル殴ってくるね……!

橋内 最終的なマークは俺なんですけど、そもそも最初から捕まえられてなかったんです。俺はマークが1人少ないと思っていて見てなかったんですけど、結局は足りてなくて俺の判断ミスでした。ケンカというよりは「よう見とるなー…」という感じです。

和也 それはなかなか…あんまり聞いたことがないくらい、細かいところまでチェックしてくるんだねえ。

橋内 最初は全然サッカーを知らなかったんですけどね。なんでそうなったかというと、俺が家でサッカーをずっと見ていて、他のチームの失点シーンで「なんでこいつ付いていかへんねん」みたいなことを思うじゃないですか。それを「見て見て!」みたいについついつい止めちゃうんですよ。嫁が見てなかったらわざわざ巻き戻すんです(笑)。

和也 詳しくしちゃったんだ(笑)。

橋内 嫁は「出たよ…また」とかって言うんですけど「見いひんかったら終わら

んヤツや、ハイハイ」ってしぶしぶ見て、それで俺は1人ブツブツと「こうなったときにコイツが」みたいなことを言うわけです。

和也　じゃあまあ、自分がやらかしたときに言われるのもしょうがないね（笑）。

橋内　「そうだね…」って言うしかないです。この間の熊本戦でめっちゃダッシュして田中達也を止めたときも「めっちゃダッシュしてたやろ？」って言ったんですよ。でも、「その前に自分でシュートしてミスしてるからしょうがなくない？」って言われて（笑）。

和也　それは…すごいな。じゃあ監督はもう1人いるんだね！怖いなあ。

橋内　怖いですよ、怖いです。勝ったときも「あれを絶対言われる…」って思いながら「勝ったでー」っ

て帰るんですけど、「勝ったけどなぁー??」みたいな。たまにしか褒めてくれないです（笑）。でもそういう生活は楽しいし、厳しいのはサッカーだけであとは全然優しいですから。

和也　でもケンカにならずそれに受け入れてやるのはいいね。じゃあシーズンも残りわずか、公私ともに充実した状態で頑張って！期待してますよ!!

橋内　はい、ありがとうございます！

Talk of

a Soldier of Gans and Corazon

飯田真輝　×　飯尾和也

この最終盤、例年よりも
チーム内の競争が高まっている

和也　今回のゲストはこの人、飯田真輝選手。唯一ＪＦＬ時代から所属しているチーム最古参で、このたび９月のＪ２月間ＭＶＰにも輝きました！まずはおめでとう！！！！

飯田　声がデカいなあ…（笑）。

和也　まあ、まあ（笑）。「自分でもビックリ」っていう趣旨のコメントを出していたけど、実際にやっぱり驚いたの？

月間ＭＶＰ チーム最古参として思うこと

飯田　選考理由を聞いて納得しました。選考委員に（元日本代表ＭＦの）福西（崇史）さんがいたっていう（笑）。（東京）ヴェルディで元チームメイトですし。

和也　それは関係ないでしょ（笑）。ちゃんと活躍したからこそじゃん！

飯田　「誰か選ぼうかな」っていうときに飛び抜けた選手がいなかったら消去法になるじゃないですか。だって知ってます？受賞のときの俺のデータ。他のチームとの比較じゃなくて自チームとの比較でしたもん（笑）。守田が月間ＭＶＰを取ったときは、まあＧＫは１つしかないポジションだから何とも言えないけど、他チームのＧＫと比べての失点数とかセーブ率とかが出ていたんです。でも俺の場合、チーム内の比較ですから。ウチから消去法で選ばれたんですよ（笑）。

和也 そういうことかー。でもしっかり試合に出て活躍しなければ当然選ばれていないわけで、その辺の手応え的にはどう思うの？去年末に対談したときはチーム的にも「うーん」って感じだったけど。

飯田 どうですかね。首位に立つまではすごく良かったと思うんですけど、そこから先は結果が出ていないので。

和也 前半戦は苦しかったけど。

飯田 いや、そこに関して俺は全然思ってないです。その頃は余裕だと思っていたんで。

和也 へぇえ。追い付かれたりだとか結構あってツラいのかな？って思っていたけど、そうじゃなかったんだ。

飯田 もちろん勝っていないのはありましたけれども、キャンプが明けた時点の出来具合から言ったらここ何年かにない…っていうか山雅史上で一番強いんじゃないかってくらいのキャンプ明けだったんですよ。

和也　おお、そうだったんだ。やっぱりイイちゃんは一番長く在籍して見てきたから説得力があるよ。「行けるな」っていう手応えがある仕上がりだったんだ？

飯田　そうですね。結構いろんなところで言っていますけど、他のチームはキャンプ明けてから公式戦で夏に向けて慣らしていくじゃないですか。でもうちは、それをザックリ1カ月前ぐらい先を行って完成度が上がってきているようなアドバンテージが絶対にあるなって思っていたんです。だから、確かに勝っていないし勝ち点は積み上げられていなかったけれども、そんなに危機感は感じていなかったんですよ。

和也　それは（岩上）祐三や（前田）大然が帰ってきたりしたからっていう部分もあるの？

飯田　去年の積み上げはそのままでそんなにメンバーは変わっていなかったですし、結局やり方はあんまり変えずに選手のクオリティーを上げたので仕上がり具合としてはすごくよかったですね。

和也　それだけ手応えもあったから勝てなくてもブレなかった？

飯田　逆に言えば去年はブレブレだったので、その分ブレなかったというのはあると思います。

和也　それを変えるためにキャンプからイイちゃんが何かアプローチをしていたのはあるの？それをする必要もなかった感じ？

飯田　俺も途中、インフルエンザでキャンプを空けていましたし…。まあただ去年を知っている選手は去年がすごくブレブレだからうまくいかなかったというのは口にしていると思うし、監督も去年より求める質が上がっているからみんなそれについていって去年の反省を踏まえて「じゃあとりあえずやってみようよ」という話ですね。

和也　ふむふむ。

飯田　ただキャンプでは2トップをやっていたりしたけど、最終的に自分たちの形はこれ（3－4－2－1）なんだっていうのも早い時点で知ることができました。「戻ってしまった」というよりは「戻した」という受け取り方をみんなができているのでそれは大きいんじゃないでしょうか。ブレた、というよりは「この形が自分たちにとって一番良い形だ」ということがわかったので。

和也　外から見ていても2トップは難しかったのかな…っていうのは思っていたけれども、実際にやっている立場としてもそうだったんだ?

飯田　まあ、うちのエースストライカー(高崎)が2トップ向きじゃなくて1トップに特化している選手だというのもあります。結局は今もそこありきで攻撃をしている部分があるので、それは必然かなと思います。

和也　チームとしても、結果が出ていない時期はそんなに問題はなかったの?

キャプテンマークについて 持論を展開

飯田　自分たちのやっていることがそんなに悪くないということはわかっていた選手の方が多かったと思います。もちろん個人にフォーカスすれば「あのシーンで」とか「あそこはこうだったら」とかはあるかもしれないですけど。あとはハシ(橋内)がキャプテンマークを巻いて発言権が大きくなったのもありますね。アイツはどちらかと言うとポジティブにいろんなことを考えるタイプで、そういう声が増えてきています。そこらへんはうまいことできていたんじゃないのかなと思います。後はハユさん（田中）が試合に出たり出なかったりしていましたけど、出ていなくてもやり続けてくれていたのでそれが大きかったなと。

和也 それはもう、みんながハユさんの背中を見ると思うしね。

飯田 そうですね。だから練習試合でも質の高いゲームができていたみたいですし、普通のチームだったらバラバラになりかけるところを1人いるだけで違ったでしょうし。特にうちは練習試合に出るのは若い選手が多いですから。

和也 うんうん。あとはキャプテンの話が出たところで。去年は「もうそろそろヒロ（高崎）に任せます」くらいのことを言っていたけど自分はもういいの？

飯田 俺はもう何でもいいんですよね（笑）。ハシっていうのは人選的にびっくりしましたけど。後ろの真ん中をやる可能性があるハシっていうのがあったのかもしれないし、ソリさんは後ろの選手を選びたがるじゃないですか。

和也 イイちゃんが決める立場だったらどうしてた？

飯田 俺だったら絶対石原にしますね！

和也 えっ、それは意外！キャプテンシーがあるタイプじゃないと思うけど（笑）。

飯田　それはないと思いますよ（笑）。でも今、一番成長しようとしてる感じがするんですよ。ウイニングイレブンで言ったら「急上昇中」みたいな感じで矢印が真上に行っているような。おそらくこの2年間で一番伸びたのは大然か石原だと思います。試合に常時絡んでいて大然に任せるって言うのはほぼほぼ考えられないので、じゃあ石原に任せてもう1ランク上がったらすごい選手になるんだろうなと。まあでも、そうなっていったら出ていくんだろうなと思いますけど（笑）。

和也　まあでも振り返ってみれば、イイちゃんもそういうタイプじゃなかったけどキャプテンマークを巻いていい意味で変わったじゃんね。イッシーに対してもそういう期待があるのかな？

飯田　もちろんハシに任せてチームがうまく回るというのはあると思うんですよ。アイツがある程度声を大にして話せる状況にしておけば、ハシは話すのが大好きだから良い影響を与えるだろうなというのは予想できるんです。ただ、個人の成長を望むのであれば石原かなという感じです。後はいないっすね（笑）。ヒロは巻いても巻かなくてもやることは変わらないでしょうし。

和也　あとこれ、ご飯も気を遣っているじゃん。俺の知っているイイちゃんじゃなくてマジでビックリしたよ（笑）。結婚してからそうなったの？？

飯田　確かに結婚してからっていう理由もあるかもしれないですけけど、元は俺が独学でいろいろ調べて「これやってみよう」って。でも俺は言うだけで別に料理を作れはしないのでリクエストを出す感じです。一時期は体脂肪率が15％とかありましたけど、今は筋トレ後ですけど9・6％とかになりますからね。

和也　それは何か、きっかけがあったの？少しでも選手生命を長くしようとか。結構信じられないんだけど（笑）。

飯田　特にないっすね（笑）。あ、でもスゲー適当なこと言っていいすか？「ストリートワークアウト」ってわかります？街にある鉄棒とかでいろいろすることなんですけど、それをYouTubeで見てカッコイイなーって思ってとりあえず筋トレを始めたんです。そうしたらみんな言うんですけど、やり始めちゃうと「やらないともったいない」みたいな感覚になるんですよ。「先週やったのに今週やらないと、筋肉が戻っちゃってやった意味ないじゃん」みたいな。そうなってくると「どうせやるんだったらちゃんと栄養面も考えてやらないともったいないじゃん」てなって。サプリメントを摂ったり試合前日に食べるパスタも炭水化物

少なめタンパク質がめちゃ入ってる特別な麺にしたり。それで今は筋トレも週1だったのが週3に増えました。

和也　へえ…それは劇的な変化だね。チームでもやっているんでしょ？

飯田　それは週1です。

和也　それ以外に2回ぶち込むのって、結構すごいね…！

飯田　基本的には週明けに全体で筋トレをやるんですよ。でもやり始めちゃったらもったいないと思うから、自分のメニューを筋トレの前に行ってチームの筋トレメニューも一緒にやって…って感じです。

和也　自分のメニューはそんなにハードじゃないの？

飯田　いや、結構ハードですよ。1時間ぐらいやっていますからね。だからオフ明けは（午前）9時練ですけど、クラブハウスに7時前ぐらいに着いてやるし、午後練の日は7時ぐらいに行って体幹トレーニングを古邊さんに見てもらって、1回帰って午後練です。試合の次の日はリカバーなんで、その疲れ具合によって前か後ろで筋トレしてオフを1日挟んでそこでまた筋トレ…って感じの流れです。

和也　ルーチンがしっかりでき上がっているんだね！それで実際、体のキレとか体感はやっぱり違うもの？

飯田　いや、それが全然わかんないです（笑）。実際、服のサイズはもしかしたらちょっと小さくなったのかもしれないですけど。

オフは夫妻で遠出 シーズン最終盤へ充電

和也　あ、そうなんだ（笑）。ちなみに休みの日とか、奥さんとはどういう生活をしているの？

飯田　どこかに遠出することが多いですね。この間は蓼科高原のホテルに行って、めっちゃいいとこでした。でもその2週間後ぐらいに練習場にそこの従業員の方が来て「この間ホテルで見ました、私そこで働いているんです」って言われました（笑）。

和也 おお、そこまでイイちゃんは浸透しているのか（笑）。

飯田 でも、その時はしゃべりかけて来なかったので「ホテルの人はやっぱりスゴいな」って思いましたよ。

和也 面が割れていないと思って、ちょっと気を抜いていたんじゃない？っていうか、後になってから言われるよりはその時に言われた方がよくない？

飯田 いやあ、完全に抜いていましたよ（笑）。でも俺は後から言ってくれた方がいい派です。

和也 じゃあ結構遠出しているんだね。奥さんは何をするのが好きなの？

飯田 「どこかに行きたい」と言うんで、俺が何個か提案して選択肢を出してその中から選んでもらいます。「全部ヤダ」って言ったらじゃあ自分で決めてね、と（笑）だから蓼科に行ったときも「今度の休みどうする？」みたいな話になって、「じゃあどこか泊まりに行こうか」って話になって決まりました。

和也 なるほどねえ。ちなみに子どもは好きなの？

飯田 好きですけど、自分の責任じゃない子どもの方がいいです（笑）。だって自分の子どもだったら叱らなきゃいけないし、奥さんが甘やかしたら俺は悪者にならなきゃいけないじゃないですか。多分うちの奥さんは怒れないからそのタイプなんですよ、「いいよいいよ」って言って。

和也 なるほどねえ（笑）。

飯田 でもうちのお姉ちゃんは保育士さんで子どもを超厳しく育てているんですけど、それでもメッチャいい子に育っているんですよ。厳しくてもお母さんのことが好きだし。まあ多分ウチはどっちかって言うとそういう感じの家系ですね。その反動で僕は今こんなになっちゃっているわけなんですけど（笑）。

和也 髪の毛は銀色だしねえ（笑）。イイちゃんのお母さんはアルウィンで会うと挨拶してくれてすごく優しそうな感じはするけど、父ちゃんが厳しいの？

飯田 親父はメチャ厳しいです。まあでも僕、末っ子なんで（笑）。

和也 そこはうまくかいくぐりながらね(笑)。じゃあ最後に、大詰めになったシーズン残り試合に向けてどういうモチベーションで臨んでいきたいかをビシッと教えてくださいよ！

飯田　うーん。ずっと先を走っていたつもりでいたんですけど、首位に立ったくらいの時期から、結果が出てないからよくないっていうわけじゃないですけど、他のチームと並んでしまったかなというのがありますね。現状に満足したとか、そういうわけじゃないんですけど。

和也　まあ、そんな簡単には抜け出せないでしょう。そうなれば理想ではあるけどさ。ここ何年か昇格できなかった経験を踏まえれば、最後の大切さっていうのは身に染みている部分もあるかなと思うんだけど。

飯田　この最終盤にかけて、例年よりもチーム内の競争が高まっているとは思います。ちょっとケガ人は出ていますけど。あとは、ここ何試合か勝負弱いですよね。ツキが離れたのかどうなのかという話になってくるかもしれませんが。あとはそろそろ志知がやってくれるんじゃないかと俺は期待してるんです。

和也　おお、いい感じなの？

飯田　すごい左脚を持っていて身体能力も高いですから、アイツにはいつも「宝の持ち腐れだ」って言っているんですけど。

和也 ハッパをかけているんだ？

飯田 っていうか、本気で「俺が左利きでそれだけの速さと強さを持っていたら絶対に代表に入ってる」って言っていますよ。持っているポテンシャルで言えば間違いなく前田直輝よりも志知の方が高いと思っています。チームカラーにもよりますが、ドリブルで一人はがしてほしいなら前田直輝の方がいいかもしれないですけど、トータルで考えたら志知だろうなと。あと昇格するにはヒロの活躍が必須ですね。もちろん僕も頑張りますが。

和也 なるほどなるほど…シーズン終盤はそれこそ文字通りの総力戦だからね！イイちゃんはもちろん、みんなに活躍してもらいたいよ。じゃあ残りわずかのシーズンも全力で頑張っていきましょう！

飯田 ありがとうございます！

PICK UP GAME 7

J2第40節 2018.11.4.

松本	–	東京V
1		0

サンプロ アルウィン／16,775人
得点 【松】オウンゴール（36分）
警告 なし

背水の陣 チーム一丸の勝利

文・飯尾 和也

大分との首位攻防戦でなす術なく敗れて2位に交代した山雅。ダメージを引きずりかねないような完敗だったが、この試合では攻守ともに目を見張るような躍動感を取り戻した。

東京Ｖとの大一番を見事に制した山雅。立ち上がりから押し込み、相手の陣地で試合を進めることができていた。そしてそれが、結果的に決勝点となった前半36分の岩上のＦＫからのオウンゴールに繋がった。大分との首位攻防戦でなす術なく敗れた前節とはガラッと違って、なぜ山雅は前半から押し込むことができたのだろうか。

前向きで果敢な姿勢 リズムをつかむ要因に

前節の大分戦では前半で一方的に押し込まれた要因の1つとして、ボールを奪った後のプレーの質が反省点だったが、この部分に関して見事に修正に成功したことが前半の攻勢を呼んだ要因となったように感じる。ここでは、なぜそれが実現できたのかを分析していきたいと思う。

まずは前回の解説で指摘した通り、相手のプレッシャーに対してもひるまず勇気を持ってボールを受け、怖がらずボールを通すという意識を強く持って選手がピッチに立っている印象を強く受けた。立ち上がりから良い意味で開き直り、守備でも後ろを怖がらず前に人をずらして果敢にプレスをかけたことによって押し込むのに成功したのではないだろうか。そのシーンを具体的に挙げていく。

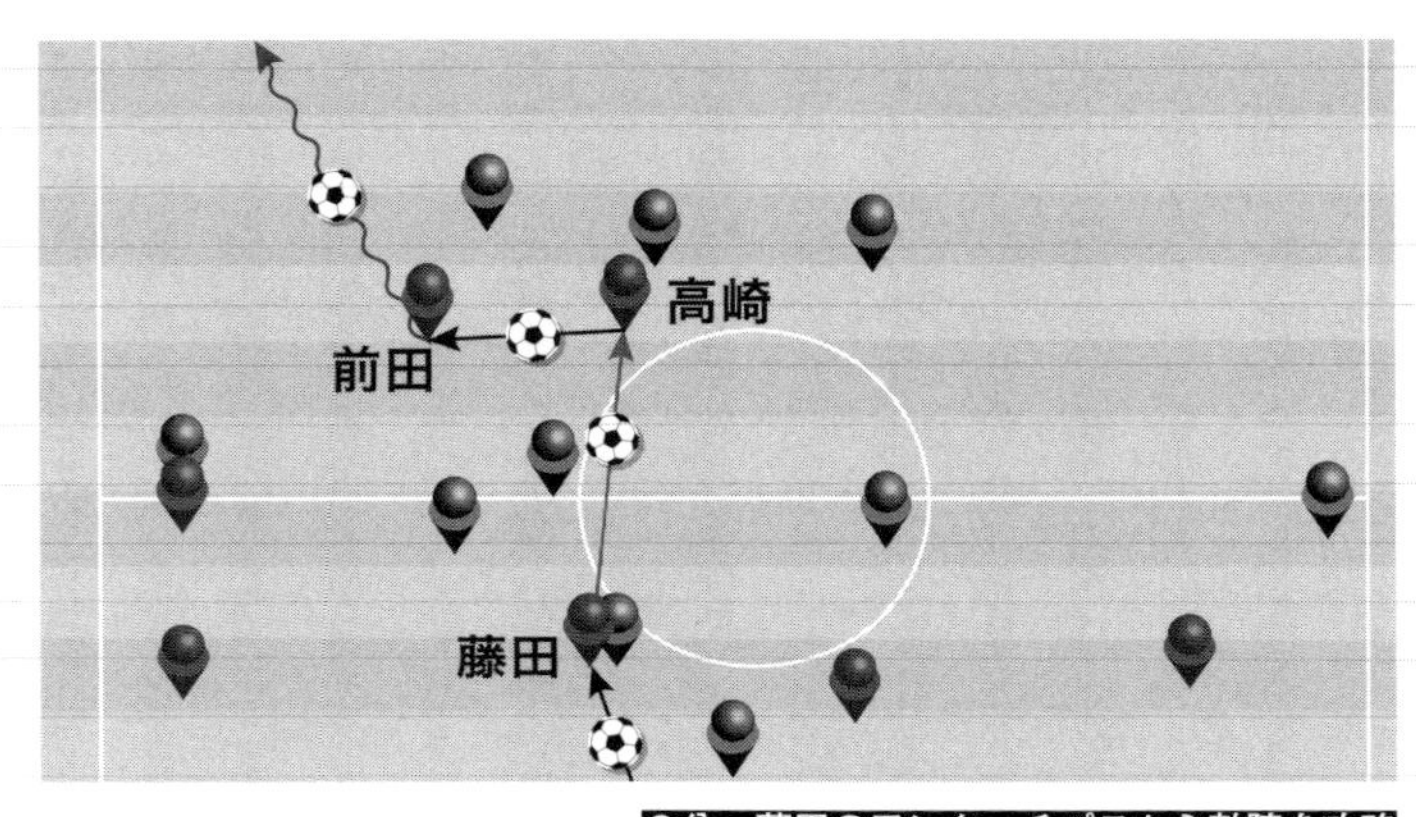

6分、藤田のワンタッチパスから敵陣を攻略

6分のプレーを振り返ってみよう。橋内が相手の縦パスをインターセプトして近くの藤田にボールをつけると、藤田はダイレクトで最前線へ縦パスを入れた。大分戦ではほとんど見られなかったこの縦パスにより、山雅はボールを奪い返しにきた相手をひっくり返すことに成功。高崎はサポートに入った前田に落とし、ドリブルで運んだ前田はセルジーニョに渡し、ボールはさらに岩上へ。岩上はワントラップして明らかに後手を踏んでいた相手DFを横目に余裕を持ってミドルシュートを放った。

これは相手GKにセーブされてしまったが、ボールを奪ってから東京Vが堅いブロックを築く前に攻め切った。このシーン以外にも取ったボールしっかり繋ぎ、ボールを持った選手に対

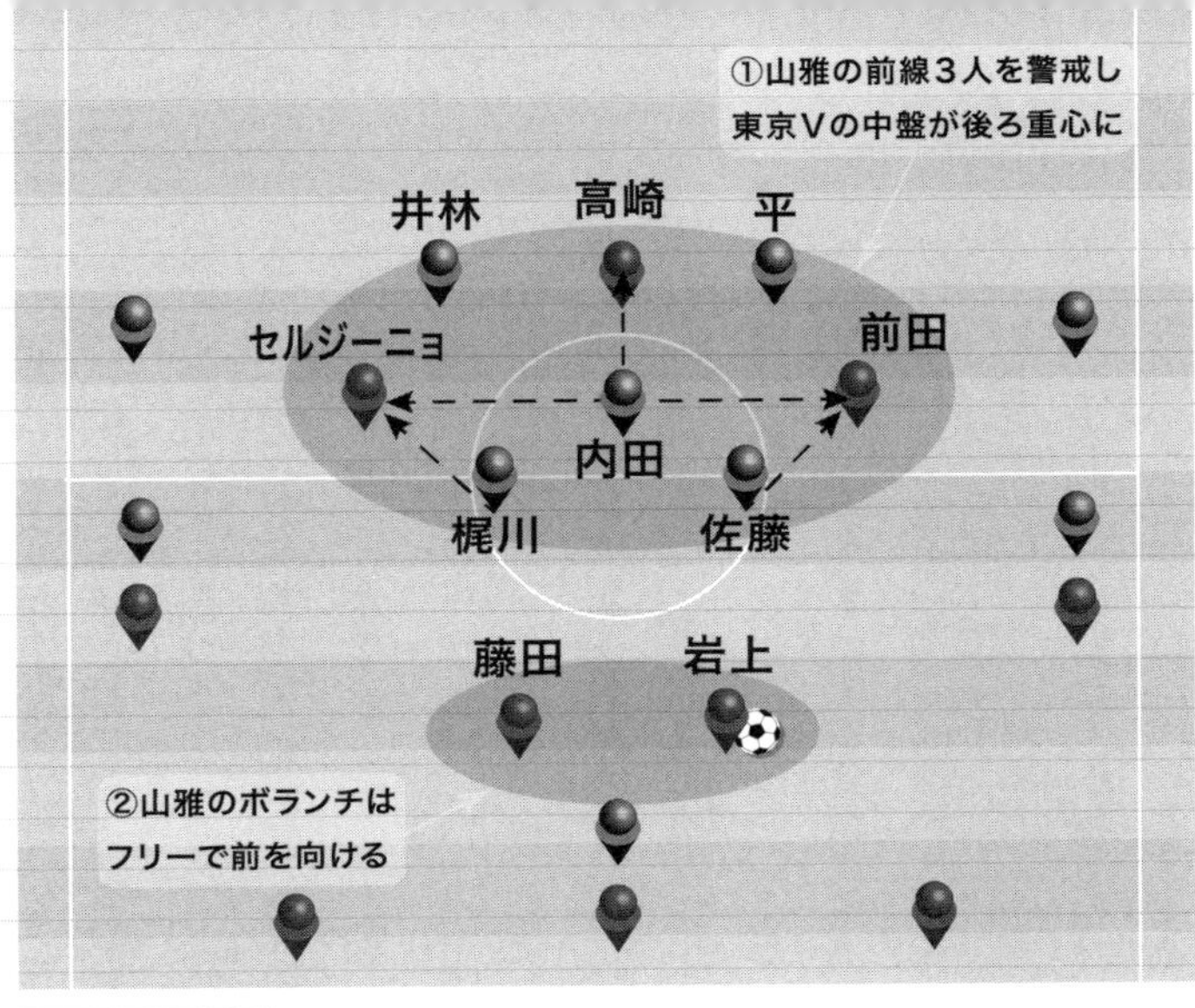

東京Vの守備陣形

してもサポートしてパスコースを生み出す意識が徹底されていた。ここが、前節との大きな違いだった。

プレスを回避されて前でボールを取れないと、ロティーナ監督率いる最近の東京Vは割り切って4－5－1のような陣形の強固なブロックを築いて守ってくる。この日は特に山雅の1トップ高崎と2シャドー前田、セルジーニョにボールを入れさせたくなかったのだろう。バイタルエリアに位置する彼らに対し、センターバックの井林章と平智広＋アンカーの内田達也、さらにインサイドハーフの梶川諒太と佐藤優平までもが警戒してかなり後ろ重心でリトリートし、危険なエリアを締めていた。

そうすると何が起こるのか。山雅の2ボランチ、つまり岩上と藤田はフリーになるケースが多く、前向きでボールを動かすことができるようになったのだ。得てしてこのような状況になるとボールを「回させられがち」になるもの。だが、この日の山雅はそうはならなかった。

前田を中心にパスの受け手となる前線の選手は、積極的に動き出して背後を狙ったりバイタルエリアに入り込んだり。出し手である岩上、藤田らも慎重になり過ぎず、ミスを恐れず強気にボールを前へと送り続けた。こうした要素が噛み合って、攻撃に停滞感を感じる時間が少なかった。

押し込まれた後半 守備陣の粘り強さ光る

先制したため、後半はどうしても勝ち点3が欲しい東京Vに押し込まれてはいた。それでも奪ったボールを大事にする意識は手放してはいなかったため、一方的にやられ続けることはなく、逆に押し返す時間帯もあった。それにより、体力的な消耗も防ぐことができていたのではないだろうか。

そして、最後の時間帯では相手のパワープレーに対しても今季初出場の村山、3バックの飯田、橋内、今井を中心に跳ね返すこともできていた。途中出場した東京ＶのＭＦ李栄直は終了間際の得点が多い187センチのパワフルなアタッカー。だが、「徳島時代に対戦しているので特徴もわかっているし、ロスタイムに点を取る選手だということも知っていた。クロスに対してはすごく集中して対応して、ほとんど触らせなかったと思う」と橋内が振り返った通り、決定的な仕事はさせず。跳ね返せなくてもきっちりセカンドボールを回収して決定機を与えず、粘り強い山雅を見せてくれた。

正直、前節の敗戦は自信を喪失してしまってもおかしくない負け方だと感じられた。それだけに、1週間後の今節で勇敢に戦えるかどうかは残り試合の結果にも左右すると思っていた。だがこうした難しい状況の中、満点に近いリバウンドメンタリティーを見せてくれた選手たちは本当に頼もしかった。

そして何より、反町監督が「本当に声を切らずに応援していただいた力が我々に乗り移ったと思っているし、その意味でもサポーターの皆さんには感謝している」と言ったように、ホームでの前向きな大声援が選手に勇気を与えたことは間違いない。この結果により首位に浮上し、次節にもJ1自動昇格の可能性が出てきた。2016年のラスト1試合前がそうだったように、より難しい試合になることは間違いない。だが栃木でも今節以上の声援を送り、「登頂」への後押しをしてください!!

栃木	ー	松本
0		1

PICK UP GAME 8

J2 第 41 節 2018.11.11.

栃木県グリーンスタジアム／ 11,562 人
得点 【松】田中（72 分）
警告 【松】田中、岩上

わずかな隙を突き首位キープの１勝

文・飯尾 和也

再び首位に返り咲いて迎えた一戦。前日に上位陣が軒並み勝っており、山雅には大きな重圧がかかっていた。だが足踏みの許されない大一番で、千両役者の田中隼磨が吼えた。

シーズンは残り2戦。前日に大分と横浜FCが勝利し、栃木に敗れるようなことがあればJ1自動昇格圏内から陥落する可能性もあっただけに、プレッシャーは嫌でもかかってくる。さらに栃木にとってはJ3から昇格させ、今季も残留に導いた功労者である横山雄次監督の退任が決まっているホーム最終戦。こうした条件が揃えば相当なパワーを持って戦ってくることは容易に想像できる。昇格に向けて大きな試練となる試合だった。

栃木戦のポイントは至ってシンプル。まず守備ではロングスローも含めたセットプレーと、点取り屋である元日本代表FW大黒将志を抑えることができるか。攻撃では5バック気味の栃木の固いブロックを崩してどのように得点を奪うか。明確だが難題と言える。

守備「1歩、1センチ」の隙見せず

そして、これを実現させるためには攻撃、守備ともに「1歩、1センチ」のわずかな差で相手を上回ることができるかだ。実際、この「1歩、1センチ」が勝敗を分けたように思う。まずは相手の強みを防いだ場面を解説していく。

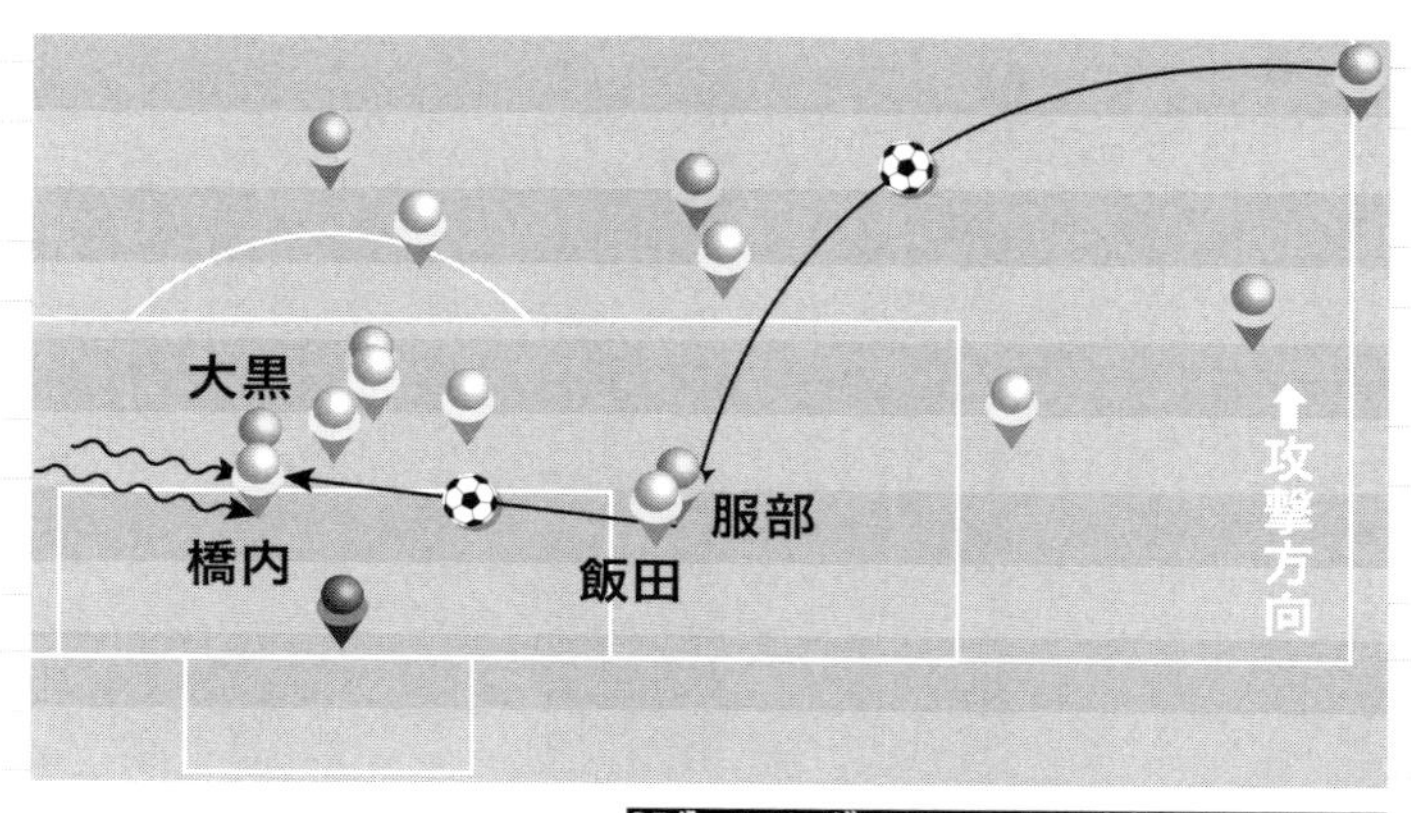

65分、ロングスローからの攻撃を橋内が防ぐ

65分、左サイドでボールが外に出ると、栃木は例のごとくロングスロー。ペナルティーエリア内で待つ188センチの服部康平をめがけて投げ入れると、服部が収めて振り向きざまにシュート性のクロスを入れる。それに反応したのは大黒。しかし、マークについていた橋内はボールとマークを同時に見られる正しいポジショニングから1歩大黒に体を寄せ、シュートブロックに成功した。

ここで服部のクロスが上がる瞬間に1歩……いや、半歩でも大黒を後ろに置いて自分の視野から外していれば、蹴った瞬間前に入られ、格好の餌食になっていただろう。僕も何度も対戦した経験があるが、大黒はその半歩を見逃してくれないストライカーだ。今季の大黒の得点シーンを見ても、「わかっていても半歩の対応の差でやられているシーン」が多い。だが、今の山雅はそれを許さない。リーグ最少失点、首位に立つ要因を見ることができたプレーだった。この橋内のシーンのように、当たり前の1歩をチームが共有していたからこその無失点だったと思う。

守備はきっちり抑えた。ではその次の段階として、栃木からどのように点を取るのか。栃木とは同じ3－4－2－1のミラーゲーム。ブロックも固く、一人ひとりの責任感も強く、サボらないためなかなか穴が開かない。実際に前半は固いブロックを崩せなかった。後半になって相手の運動量が落ち、低い位置でブロックをつくったことで山雅がボールを支配する時間も増えたが、問題はここから先をどう突破するのか。セットプレーで得点を奪いたいところだが、高さでは栃木に分がある。

攻撃 曖昧になった隙を突いてゴール

ではオープンプレーに活路を見出すしかない。崩すにはマッチアップしている相手と1対1

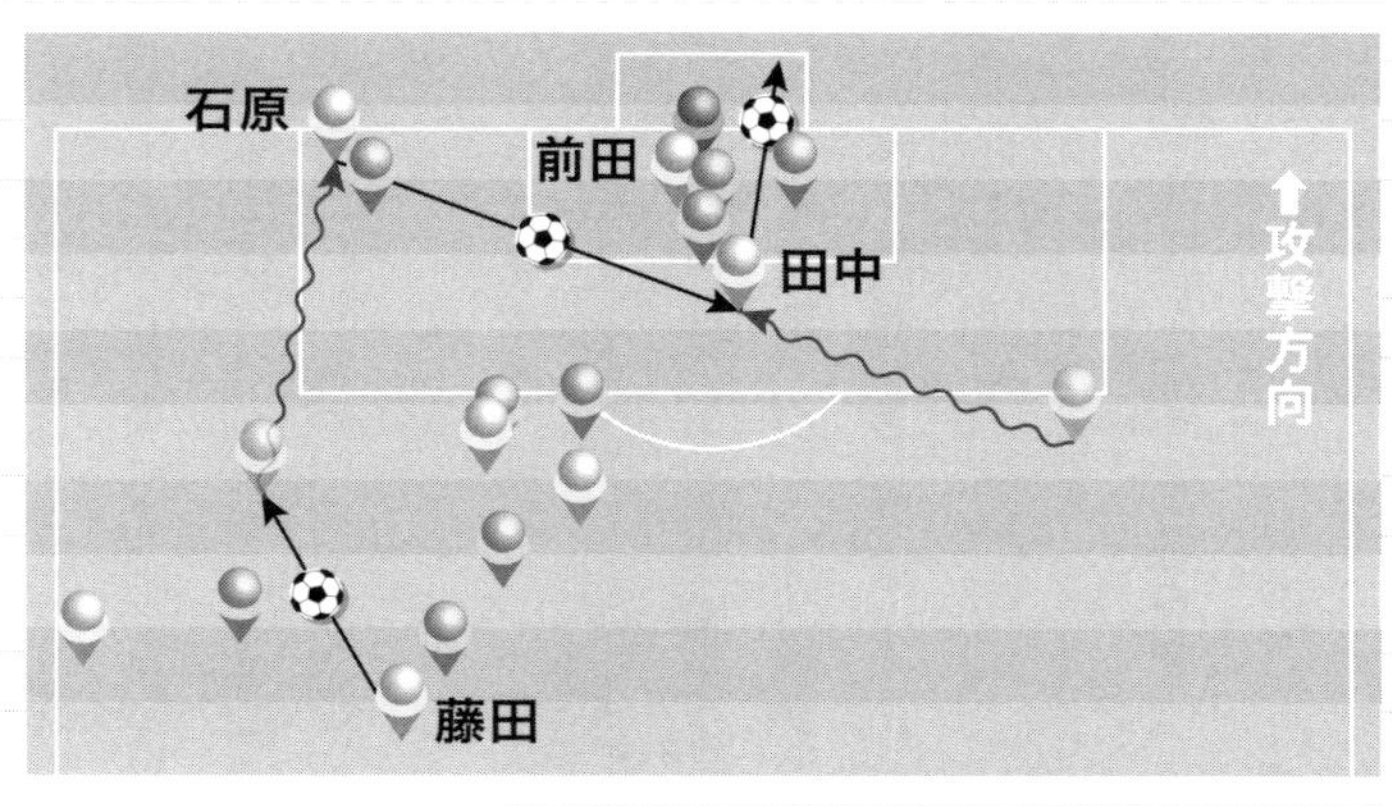

72分、石原のドリブルから相手の隙を生んでゴール

の局面ではがすことでビッグチャンスを生むことができる。具体的に言うとスピードで違いを見せられるキャラクターである前田か石原に僕は期待していた。72分の得点シーンは「最後に変化をつけられる選手が変化をつけられたことで少し隙が生まれた」と反町監督も言った通り、左サイドで藤田からのボールを受けた石原が積極的に仕掛け相手を抜いてクロスを入れたことで生まれた得点だった。

中の人数は3対3だったが、栃木のディフェンスは先ほどの山雅のクロス対応と違い、石原がクロスを上げる瞬間一人ひとりが曖昧なポジショニングを取っていた。山雅とは違って「1歩、1センチを曖昧にしていた」と言った方が

わかりやすいだろうか。そのため前田がニアに走り出したとき、田中をマークしていた選手が一瞬引っ張られ、田中にシュートをするスペースが与えられた。小さく見える大きな差が明確に表れた得点シーンだった。

そして、得点を奪った田中についても触れないわけにはいかない。18試合ぶりに先発復帰した第31節水戸戦でも貴重な同点ゴールを奪ったが、この大事な試合で再び目に見える結果を残しチームを救った。これは偶然ではなく必然だと僕は思っている。

試合に出場できず苦しい時間でも、悔しい思いを押し殺してチームのために謙虚にサッカーと向き合い前向きに取り組んでこなければ、このような結果はつかむことはできないと思う。前節に今季初出場し、2試合連続の無失点試合を演じた村山にも同じことが言えるだろう。「持っている」のではなく彼らの努力が引き寄せた結果だし、それがチーム力となる。今日の得点シーンももちろんそうだが、この得点に至るまでに田中が積み重ねてきた途方もない努力に敬意を表したい。

そしてこの厳しい試合をものにするに当たって見逃せないもう1つ目に見えない大きなポイントがあったように思う。「経験」だ。飯田は「(ゴールが奪えず)おととしの(第41節)町田戦っぽい雰囲気はあったが、ゼロの時間を長くできたしいい時間に点が取れて助かった」と振り返った通り、2016年第41節と似たプレッシャーのかかる試合。恐らく経験した選手、サポーターにとっては多少なりとも「トラウマ」や不安もあった中で、バタバタする様子も見せず失点を許さず勝ち切った。

反町監督は試合前、選手に「今までやってきたことを台無しにしないためにも、どういうゲームをしなければいけないかよく分かっているだろう?」と話したというが、その通り。どのような精神状態で臨まなければいけないかは経験している選手が一番わかっているし、それを2年前に経験していない選手にも声をかけて思い切り戦える準備をしてきたに違いない。現地に駆けつけた4500人のサポーターの皆さんも、そのとき以上の声援を選手に送ってくれたことで、選手は大きな勇気をもらったと思う。

試練を乗り越え、いよいよ「マジック1」。最終戦で勝てば、優勝が決まる。初のJ1昇格を果たした2014年はアウェイでの昇格決定だったが、J参入後は初となるサンプロアルウィンで優勝、昇格が決まる。最高の準備をして、最高の結果をつかみ取ろう！

さあ行こう緑の友よ 遥かなる頂へと

編集長Column

長く苦しい旅路が、もうすぐ終わろうとしている。毎シーズンのことだが、最終節を前にすると一抹の寂しさが胸を去来する。だが今年に関して言えば、目標達成のためにはラストに「しなければならない」のだ。

山雅はリーグ戦41試合を終えて首位。あと1つ勝てば問答無用で4年ぶりのJ1昇格、そして初優勝という歴史的な瞬間を迎えることができる。ただ4位までが勝ち点3差にひしめいており、自力で栄冠を勝ち取るには白星が必須だ。42・195

キロのフルマラソンに例えるなら、残り1キロで競技場が見えてきた段階で先頭集団が4人。小差でトップの山雅は強い風を受けており、背後の3人は影に隠れながら先頭でゴールテープを切ろうと隙をうかがっている。

先頭を走る山雅は疲れ、起伏の激しい難コースを41キロ走り抜いてきた四肢はすでに悲鳴を上げている。だが、あと一息。もうひと頑張りで、まだ見ぬ頂からの絶景を十分に堪能することができる。

終盤戦。大分に敗れて以降の2試合は、まさに意地と気迫と知略が全て凝縮されていた。まずは第40節の東京V戦。攻守の歯車ががっちり噛み合い、相手の狙いを見事に消してみせた。後半はボールを持たれたものの、「チーム全体がリトリートしているのはわかっていたし、攻め込まれたがゼロで抑えている試合は何試合もあるので自信を持ってやれていた」と高崎。急所は封じて万全の逃げ切り勝ちを収めた。

そして前節、栃木戦の戦いぶりはどうだ。高さで不利な相手に空中戦で決定的な仕事をさせず、0－0で我慢の前半を終える。すると後半はピッチコンディションに慣れたのに加えて運動量に差が出始め、山雅がボールもスペースも支配。そして72分、田中が待望の先制弾をねじ込んだ。ピッチを叩いて渾身の雄叫びをあげたその勇姿は、見る者の魂を激しく揺さぶってやまない。

ゴールシーンのリプレイを何度見直しても胸が熱くなるが、改めて強調しておきたいのはその後の山雅が見せた試合運びだ。高崎は自主的に自陣深くまで下がって栃木のパワープレーに対応。アディショナルタイムに中美と岩上が立て続けに見せたシュートブロックも、鬼気迫るようなエネルギーを感じさせた。

この1－0の2連勝は、ともに今季の山雅を象徴するような圧倒的な戦術遂行力の証とも

言える。まずは東京Vがストロングポイントにしている左FW泉澤仁に対し、右サイドの田中と今井がきっちり対応。両監督が相手の裏をかき合うような先発のオーダーだったが、そこから勝ち点3という極上の結果を導いたのは我らが指揮官だった。

1週間後の栃木戦。相手が大きな武器としているセットプレーの守備対応に心を砕き、危ないシーンをほとんどつくらせずに切り抜けた。リーグ屈指のヘディングの強さを誇る188センチの服部康平に対し、シチュエーションに応じて飯田と今井がしっかりマーク。飯田は「1人抑えればいいというわけでもないので全員で気を遣って守った」と汗をぬぐう。

そして何より、この2試合に共通していた最大の要素に触れないわけにはいかない。他ならぬサポーターの力だ。東京V戦は前節に痛恨の黒星を喫した直後にもかかわらず、今季最多16，775人が熱心に声援。栃木戦もアウェイに約4，500人という大サポーターが押し寄せ、土壇場の戦いに身を投じるチームにエネルギーを吹き込んだ。

特筆しておきたいのは、単に数が多いから素晴らしいのではない――ということだ。個人的な皮膚感覚だが、この2試合…正確には大分戦の敗戦直後に「どんな時でも俺たちはここにいる」というチャントが流れたときから、「ポジティブで強大なエネルギー」が注がれているように感じる。2016年の苦い記憶がオーバーラップしかねない前節も同様。プレスルームが息苦しかったので試合前にスタジアムのアウェイ側を散策したが、行き交う人々に悲壮感は漂っていなかったように映った。

そして、運命の最終節。緑の戦士たちは栄光のシャーレを懸け、サポーターのために戦う。「たくさんの応援の中でサッカーができて、勝てば優勝できる。サポーターと一緒に優勝したい」と前田。負傷離脱中だった今季開幕戦でゴール裏を訪れた村山も「12番目の選手として一緒に戦ってくれている頼もしい仲間だと思っている」と話す。

若干数の追加販売分も含め、チケットは全席種が完売。あとは史上最高のホームを全員の力でつくり出し、史上最高の結果を自力でつかみ取るのみだ。苦戦はするだろう。見る者の思い通りに選手は動いてくれないかもしれない。プロスポーツの興行である以上、対価を払った者にはどんな解釈も許される。だが、今回だけはどうかお願いできないだろうか。ため息よりも拍手を、野次よりは声援を。山雅プレミアムの対談記事などを読んでもらえばわかると思うが、オカルトでも何でもなく、それは必ずピッチに届くのだ。

そして仕事や家庭などの都合で来られない人やチケットが入手できなかった人も、どうか気にかけていてほしい。自らの力の及ばぬ事象に願いを捧げる「祈り」は、それ自体がすでに尊く意味のある行為だからだ。満願成就まであと一息。さあ行こう、緑の友よ。遥かなる頂へと。

PICK UP GAME 9

J2 第42節 2018.11.17.

松本	-	徳島
0		0

サンプロ アルウィン／ 19,066人
得点　なし
警告　【徳】藤原

「全緑」でつかんだ栄光のシャーレ

文・大枝令、飯尾 和也

運命の最終節。満員のスタジアムで、緑の勇者たちは文字通り一丸となって最後まで戦い抜いた。スコアレスドローだったが、勝ち点１差でＪ２制覇。歓喜の瞬間が訪れた。

スコアレスドローも 歓喜のＪ２初制覇

山雅は徳島とスコアレスドローで終わったが、他会場の結果に伴って初のＪ２制覇を成し遂げた。前半から出足鋭く連動したディフェンスで相手の攻撃を封じ、ルーズボールを拾って主導権を握る。攻めては高崎が裏を取ったり、セットプレーでフリーになったりして惜しいシュートを放つ。66分には左ＣＫから田中が放ったシュートは惜しくもポストに嫌われ、先制点を奪えない。その後も前田の単独突破などでチャンスをつくったが、ゴールには至らず。終了間際には他会場の経過を踏まえてドローで締めくくるチョイスとし、そのままゲームを終えた。最終成績は21勝14分７敗の勝ち点77。僅差で激戦のＪ２を制した。

心一つに〝全緑登頂〟堅守支えに大願成就

信州松本のフットボールが、ついに頂を踏みしめた。

難敵・徳島を迎えた運命の最終節。結果によってはＪ１参入プレーオフに回る可能性もはらむ、クラブの未来を左右する大一番だ。このピッチに立つ者にとって、恐怖や重圧は必ず乗り越えなければならないハードルだった。

2年前は、土壇場で負けた。昨季も、最終節で望みが絶たれた。思えばＪ１に初参戦した２０１５年以降、山雅は悔し涙しか流していない。

だが今回の山雅はどこまでも粘り強く、タフに戦い、したたかに優勝を手繰り寄せた。田中は「プレッシャーはもちろん感じながら、高ぶる気持ちもあったが、それも含めて絶対に勝つんだという強い気持ちで戦っていた」と振り返る。徳島はＦＷピーターウタカを筆頭に攻撃陣のタレントが揃うが、その脅威を感じさせないアグレッシブなプレーを披露。それは、まさに今季の山雅を象徴するかのようだった。

特に、中盤のドッグファイトでことごとく先手を取ったのが大きかった。その筆頭株はボランチの藤田。「徳島の試合を見るとどうしてもセカンドボールを拾えなくなると相手がうまいので押し込まれてしまうから、なんとか自分のところで取りたいなと思ってやっていた」と言う。小回りを効かせながら球際に顔を出し、ボールを回収。38分には自身でドリブル突破を図るなど、新境地も垣間見せた。

前線からの守備も同様に、確かな強度を保っていた。GKを起点に足元で繋ごうと試みる徳島に対し、スピード自慢の前田がハードにプレスをかけるなどして組み立てを妨げた。「前線のヒロさん（高崎）もセルジ（ーニョ）もみんなが守備をするからこその山雅だし、1人でもサボったらいけない。シーズンを通してそこが出せたのはよかった」と前田。高崎も交代した永井も、異口同音に「守備」を口にする。

この意気に応えるのはディフェンス陣。3バックの一角で体を張り続けたゲームキャプテン・橋内は言う。「前線の選手たちには本来自分たちのやりたいことはあると思うが、チームのルールがあって歯を食いしばってやってくれていた。互いの信頼感がないとできないサッカーだし、全員攻撃全員守備が自分たちのストロング。前の選手も後ろを信頼してくれていると思うし、自分たちも前を信頼している」。この信頼感こそが、山雅の強さを支えている根幹だと言えるだろう。

試合は終盤に差し掛かってもネットは揺れず、そのままアディショナルタイムに突入。自陣右のCKには肝を冷やしたがゴールを許さず、以降は得点よりもボールキープを選択する。他会場の経過を受け、ドロー狙いとするベンチの指示だ。永井や田中が巧みに時間を使い、試合終了。一足先に山形－大分と町田－東京Vがドローで終わっていたため、この時点で優勝が確定した。3試合連続の無失点とし、これで22回目のクリーンシート。リーグ最少34失点の堅守は、まさに山雅の強さの源だ。

ベンチから一斉に飛び出す選手たち。そして電光掲示板に映し出される、他会場の結果。一斉にスタジアムは、特大の歓喜に沸いた。村井満チェアマンから授与される栄光のシャーレ。歓声はいつまでもやまず、ピッチには無数の祝福が降り注ぐ。史上2番目となる19，066人が詰め掛けた夕闇のサンプロ アルウィンには、おそらく史上最高の幸福が充満していた。

2015年にJ1セカンドステージ第16節のノエビアスタジアムで降格が決まって以降、山雅は数え切れないほどの悔しさを味わってこの日に至った。今季だけでも、苦しい記憶はいくらでも浮かんでくる。出口が見えないトンネルのようだった未勝利の開幕6連続遠征や、相次いだ不慮のケガ人などで苦しくなった台所事情。一時期は離脱者だけで豪華なチームが組めるほど膨れ上がった時期もあった。

だがこうした逆境に立たされても、全ての山雅ファミリーから「One Soul」のスピリットが欠けることは決してなかった。「サブに入らない選手もサブの選手も、全員が普段からトレーニングをしっかり積んでいい雰囲気をつくっている。ほかのチームにも負けない一番のチームメイト。それが自分たちの競争になって日頃の積み重ねとなって、途中出場や代わりに出た選手がハイパフォーマンスを出せた。それが、この厳しいリーグを勝ち抜けた要因だと思う」と橋内は胸を張る。ピッチ内でもピッチ外でも1分、1秒の濃密さにこだわり抜いた成果だ。

さあ、来季は再びJ1に挑む。もちろんとてつもない荒海だが、我々はその厳しさをすでに知っている。初昇格時、かつて反町監督が口にした「未知との遭遇」ではない。

もちろん、過酷極まる旅路にはなるだろう。神田社長に促されてシャーレを掲げ、歓喜の「アルプス一万尺」を踊る〝公約〟も果たした指揮官。だが、直後の記者会見では「今度は（J1を）分かっている状態から入っていくのを有利に捉えないといけないし、新参者とは言えない。J2での年数を無にしないようなことをやっていかないといけない」と口元を引き締めていた。

今はしばし、喜びに浸ろう。信じていた山雅の優勝を、山雅の昇格を。そしてこの勝利の街を。誇らしいスタジアムと、緑の友を。

そうしたら顔を上げ、再びファイティングポーズを取らなければならない。この日優勝を告げたホイッスルは即ち、J1再挑戦のスタートラインに立ったことを意味するのだ。

文・大枝令

過去の教訓生かし 勇敢な戦いで優勝つかむ

運命の最終節、徳島戦。0－0のスコアレスドローで勝ち点1を獲得し、2位との勝ち点差1で頂にたどり着いた。2014年の昇格決定はアウェイの福岡戦だったが、今回は最終節のサンプロ アルウィン。最高のシチュエーションで昇格、そして優勝を決めてくれた。

ただ、こうした状況で普段通りにプレーすることは難しい。19，000人を超える観客のほとんどが山雅サポーター。当然味方なのだが、その期待感はプレッシャーにもなり得る。そういう意味では多くのサポーターの皆さんを本当に味方にできるかは、この試合の大きなポイントだったと思う。

やっている選手も人間、応援するサポーターもみんな人間だ。見ているサポーターが不安を感じるようなプレーがあればスタジアム全体は「大丈夫か…？」と不安な雰囲気になり、それを選手が感じてしまう。それがプレッシャーに繋がって腰の引けたプレーになっていき、負のスパイラルに陥る。

味方に付けるためにはまず、選手があたふたしたプレーを見せることなく、堂々とプレーすることだ。クラブの未来を左右する一戦を迎えるに当たり、この1週間を緊張しっぱなしだったサポーターも少なからずいただろう。そうした不安を払拭するためにも、試合を進めていく上で「きょうは行ける！」というスタジアムの雰囲気をつくり出せるかどうかはとても重要だった。

しかし、心配はいらなかった。選手はどこまでも勇敢に戦ってくれた。チームとスタジアム全体に勇気と勢いを与えるような、前半の2つのプレーを振り返っていこうと思う。

まずは28分。左サイドで高崎がファウルを受け、セルジーニョがボールをセット。その瞬間、背後の広大なスペースに前田、右のオープンスペースには田中が迫力のあるスプリントで走り出した。セルジーニョは田中を選択してサイドチェンジ。サポートに入った今井に落とし、今井のクロスは中に合わなかった。

28分、セルジーニョのキックから好機生む

一見すると何でもないプレーだったとは思うが、ファウルでプレーが途切れて一息つきそうな場面で相手の隙を突こうとした積極的なスプリントをした田中と前田が、「行け！」という皆さんの前向きの矢印をつくり出した場面の1つだった。

もう1つは38分。村山からのロングボールがこぼれ球となり相手ボールになったが、セルジーニョが猛然と相手に体を当ててプレスバックでボールを奪う。藤田がこぼれ球を回収し、石原に落としてからスペースに走り出してボールを引き出す。ここから藤田は積極的に仕掛けて1人抜き、ペナルティーエリア内に侵入。後ろから相手に倒されて「ＰＫか!?」という場面

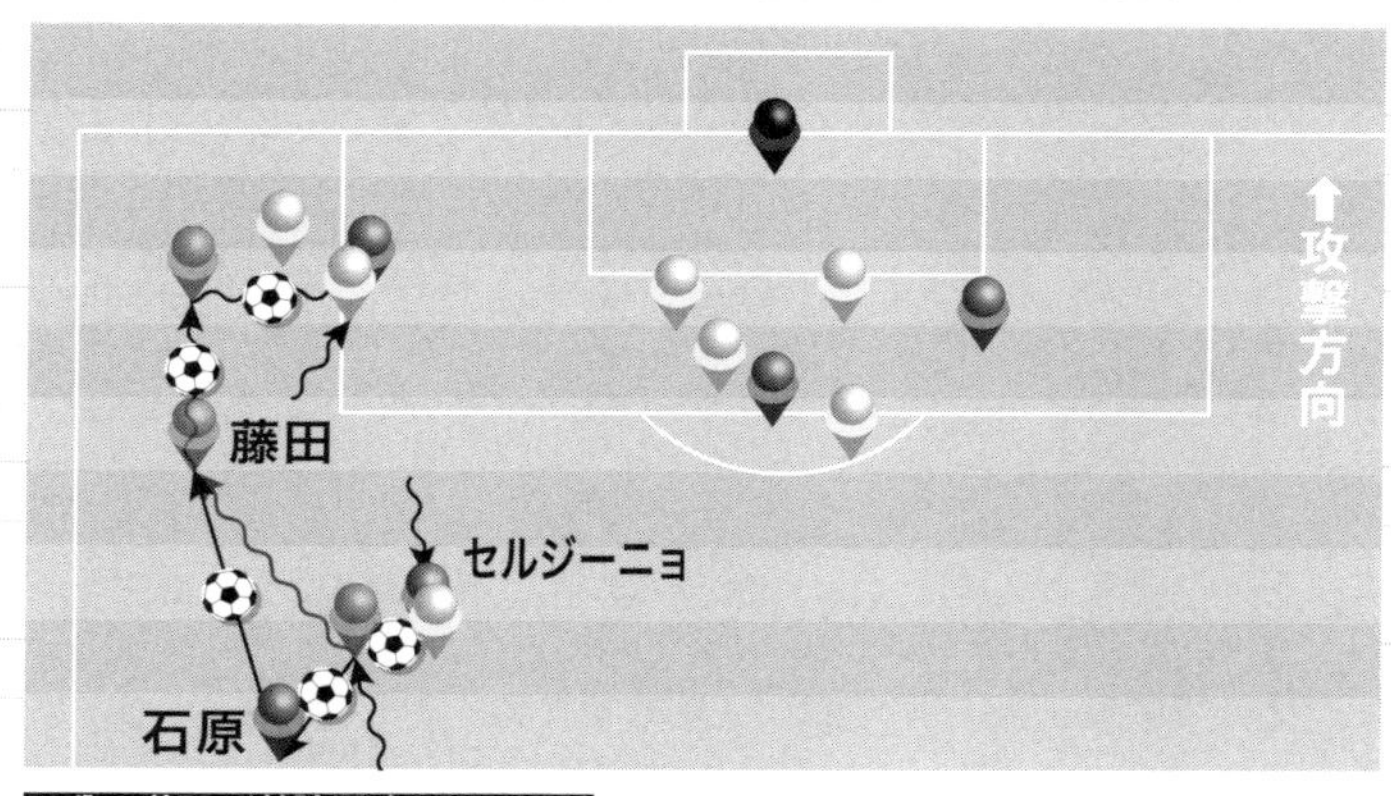

38分、藤田が敵陣深くに切り込む

だったがレフェリーの笛は鳴らなかった。ここまではよくある一連のプレー。だが笛が鳴らないとわかると藤田は抗議することなく、すぐさま立ち上がってボールをキープした。

この一連のプレーも何気ないが、僕は見ててすごく勇気をもらったし、チームを前向きにする「強い気持ち」を感じるプレーだったと思う。まずはセルジーニョの「絶対にボールを奪う！」という相手への強烈なコンタクト。結果的にセルジーニョはこれで負傷交代となってしまったが、とてもファイティングスピリットを感じたワンプレーだった。

そして再びボールを受けた藤田のプレーも確かな意志の力を感じさせた。普段ならボールキープしそうな場面だったが、積極的に仕掛け相手を抜き去る。カバーに入った選手に倒されたが、抗議することなく立ち上がった。レフェリーの判定に頼ることなくセルフジャッジもせず、「自分でどうにかするんだ」という強い気持ちが現れたプレーだったように感じた。

このほかにもボールを繋ぐ徳島に対してチームとして自陣に閉じこもることなくボールを奪いに行く姿勢や、セカンドボールに対する執着心は徳島を上回っていた。攻撃はリスクを冒さないロングボールが多かったが、後ろよりも前を意識していた。ボールを持っても見ている僕たちがヒヤヒヤするようなシーンは少なく堂々としていた。そのような1つひとつの振る舞いがスタジアムを安心させ、本当の意味での大きな後押しに繋がり、ともに戦う空気をつくり上げていったと思う。

過去2年間は大一番で勝ち点を落とし、昇格を逃してきた山雅。その大きな要因はプレッシャーのかかる状況で普段通りにプレーすることができず、自滅に近い形だった。

しかし今年は違った。徳島戦に限らず大分に敗れた後の東京V戦からの残り3戦は本当にたくましく、過去2年とは比べ物にならないほどの「強さ」を感じさせてくれた。そのプレーの1つひとつがサポーターの皆さんの「今年は何かが違う!行ける!」という後押しに繋がり、素晴らしいフィナーレを呼んだのではないだろうか。

自分のサッカー人生を大きく変える試合。大きな期待を背負い、1つのミスも許されない中、普段通りの振る舞いでゲームに臨んで結果を出した選手は本当にすごいと思うし、心からおめでとうと伝えたい。反町監督は「サポーターの皆さん、ホームタウンの関係者の皆さん、スポンサーとして協力して頂いた皆さん、そして最後の笛が鳴るまで我々らしさを出してくれた選手全員に感謝したい。文句ひとつ言わず深夜まで及ぶ過酷な作業や太陽が出る前から仕事場に来ているスタッフみんなにも感謝したい」と言ったが、指揮官をはじめスタッフも目に見えない血のにじむような努力の末にこの結果をつかんだ。過去2年間の反省を生かして昇格、優勝をつかみ取ったチームに敬意を表したい。

サポーターを含め、松本山雅に関わる全ての人におめでとう！

そして、ありがとう!!

1年間、お疲れさまでした。

ゆっくり休んでまた来年、J1の舞台で松本山雅とともに戦いましょう！

文・飯尾和也

J2登頂 頂きをいた
ICA

2018 シーズン総括

5

「努力をしていない者には運は訪れない」

反町康治監督 一問一答

今季のクラブスローガンである〝全緑、登頂！〟を成し遂げた山雅。まさに全員のエネルギーが結集しての快挙だ。歓喜の余韻も冷めやらぬ中、就任7年目のシーズンを最高の結果で終えた反町康治監督は何を思うのか。優勝翌日の囲み取材を一問一答形式でお届けする。

これで目覚ましをかけないで寝られる

——最終節の徳島戦はスコアレスドローでしたが、結果的に優勝となりました。率直な感想は？

自力がないのか他力に感謝するのか…今季のＪ２はずっとそんな感じだったからね。でも、運も味方につけることはサッカーの世界では大事。そういう意味では我々の努力の結果だと解釈するしかない。努力をしていない者には運は訪れないからね。

——決まったときの心境はいかがですか？

ホッとしたよ。そうじゃなかったらまた相手の試合を見なきゃいけなかった

かもしれないし、練習試合もしなければいけなかった。本当は練習試合をしたかったけど、シャーレを掲げるときまでずっと選手が「休みにしろ、休みにしろ」って耳元で囁くからオフにしたんだよ。しょうがないじゃん（笑）。

——ご自身もようやく休めるじゃないですか（笑）。

目覚ましをかけないで寝られるね。3日間もそんなふうにできることはなかなかないからね。（シーズン中は）大体、休みの日も会社に行って今﨑（テクニカルコーチ）とチマチマ作業をやっていたからなあ。

我々はブレようがないチーム

——シーズンを振り返ると、苦しいスタートでした。その中でもブレなかったことが大きかったのでは？

我々はブレようがないチーム。結局はロングスパンで見ると「これがうまくいかないからこれを変える」とか、就職とかもそうだけど、ここで働いていて合わないから変える、ということをずっと続けていたら自分のためにならないじゃない。天職を探していく必要はあるかもしれないけど、見つけたら邁進していくことが必要だからね。俺もいろいろな経験があるとは思っているから、そこで方向性を変えていくのがいいのかどうかということだ。もちろんマイナーなチェンジはしたよ。例えば飯田と橋内のポジションを入れ替えたりとか、前の2トップを1トップにしたりとか。2トップは結局（第2節）新潟戦の途中までだよね。裏返して言うと、シーズン前の準備段階でもう少しそういうことを把握していればもう少しいいスタートが切れたかもしれないが、それはまあ結果論。全部が終わって振り返ってからの話だから何とも言えない。

——その結果論で言えば、優勝という結果になったのであればうまくいったということですか？

徐々に…だね。言い方を変えると「他に勝ち星を挙げているチームがなかった」ということで、だから結局そこ（上位争い）に食い込んでいくことができた。チームも選手も勝ち点や順位を見て生活しているわけだから、「あ、届きそうだな」って思いながらトレーニングをするのと「もう届かないな」って思ってトレーニングするのでは違う。そういう部分で、感情は我々をコントロール

しやすかったと思う。

——やはり最少失点というのが優勝の大きな要因だったのではないかと思います。個人能力だけではなく、組織としての完成度が高かったと思いますが、具体的にどんな部分がよかったのでしょうか？

徳島戦もそうだったけど、前のプレッシャーが強いからね。でもハッキリ言って、後半15分くらいになるとガタッと（運動量が）落ちる。最終戦も後半の最初から替えようと思っていたが、セルジ（ーニョ）が負傷交代になったからやめた。今まではそれまでに自分たちが圧倒するようなリズムのところで点を取っていたからね。例えばヴェルディ戦の前は守備の練習をせずに攻撃の練習をしたじゃない。徳島のときは守備の練習をしたよね。特徴を見据えた上で1週間のトレーニングを構築していくということをやってきただけだよ。当たり前のことだけど。

——前線からのプレッシャーは仰る通りですが、ミドルゾーンでもゴール前でもそれぞれの約束事があると思います。それがしっかり機能したというのも要因なのでは？

効率よく守ることが大前提で、そこからスタートするのが当たり前。栃木みたいにほとんどオールコートマンツーマンみたいにやってくるチームもそれはそれとして成果として現れるよね。金沢もそうだけど。金沢のマンツーマンは4バックだから崩せるけど、5バックでやられるとなかなか崩せない。

J1へ。強気で勝負していかないと

――少し長期的に見ると12～14年の3年スパンで昇格して、J1の1シーズンを挟んで今度は16～18年の3年で昇格となりました。たまたまうまくいったのかもしれないが、この間に山雅のスタイルが確立されたのでしょうか？

うーん、ボールを繋ぐということに関してはどうなのかという部分もあるけど。ボールコントロールだけじゃなくて戦術眼も含めた「いい選手」の集合体が走れるようになったら鬼に金棒だが、なかなかそういう選手はいないからね。ただ、鍛えれば変わる選手もいる。石原なんかもそう。どちらかというと好きなことしかやらないでいたタイプだけど才能があると思った。サイドの選

長野銀行
信濃毎日
長野銀行
年構想

EPSON
CHAMPIONS

手としてはかなりたくましくなったよね。（藤田）息吹も「J1でもやれそうだな」という自信はつかみかけているかもしれないから、それを大事にしてやりたい。

――ただ、勝ち点70台での優勝というのは22チーム制になって初めてのことです。これをどう分析しますか？

比べるのは何とも言えないんだけど、どこも引き分けが多かったんじゃないのかな。大分は（引き分けが）少なくて、負けも多かったけど勝ちが多かった。あれが理想的なのかはわからないけど、それで負けを少なくすれば（さらに理想的）ということだよね。あとはサッカー専門誌とかの（開幕前の）順位予想を見ても、うちを1位に挙げているところはあんまりなかったんじゃないかな？去年は8位だったしね。千葉とかJ1の降格組に人気が集まるのは当然だし、我々の評価は高くなかった。それもやりやすい要因だったかもしれない。でも、（J2全体の）レベルは上がっているし、それと同時にJ1のレベルも上がっている。

――現在J1最下位の長崎も2試合を残した段階で、2015年に16位だった山雅の最終的な勝ち点を上回っています。Ｊ１の残留争いも相当ハイレベルになっているのではないでしょうか？

まあ、これからだろう。今年は今年でシーズンが終わったから、ここからどう対策を立てていくか。自前の選手で若い選手を確保したい。去年のオフで言えばその第１弾が（前田）直輝だったわけだ。（お祝いの）メールが来たけど（笑）。

――そういう意味では前回の昇格時と違い、期限付き移籍の選手がいないのはクラブとしての進歩と言えるのではないでしょうか？

今年に関して言えばそうだな。でも言い方は変だけど、他の（Ｊ１）クラブでチャンスがない選手を何とか再生してやっている部分もある。簡単に言うとまだまだということなんだ。若くてこれからチームの根幹になる選手を獲得するのかどうか。外国人枠の問題も変わっていくから、そこを埋めるのかも協議していかないといけない。そのくらいの強気で勝負していかないと。

――自動昇格でシーズンを終えて、Ｊ１が終わる前に動き出せるのは有利なのでは？

Ｊ２自体は（プレーオフを除いて）ほとんど終わっているから、Ｊ２の選手に目を向けないといけないケースもある。何人かいるけどね。例えば（山口から G大阪に移籍した）小野瀬康介とかＪ１の舞台で活躍できる選手もいれば、そうじゃない選手もいて両極端になっている。Ｊ２だから移籍金も安いかもしれないしＪ２の選手はＪ１でやりたいだろうし。あと、うちから期限付き移籍で他のチームに出している選手をどうするのか…という問題もある。

――いずれにしても、マンネリ化を防ぎながらやってきた7年間だったと思いますが、改めて振り返りつつ今後を見据えるといかがでしょうか？

これからさらにやっていかないといけないだろうな。自分としてはゲームを見たり海外の試合を見たりして、毎年マイナーチェンジはしている。例えば息吹を連れてきてカンテ（フランス／チェルシー）の映像を見せることとかはやっているわけじゃない。今度は（前田）大然にムバッペ（フランス／パリＳＧ）の映像を見せてやることも必要かもしれないよね。

――監督個人としても「成長」ということは意識していたんでしょうか？

俺も我が強いから、例えばマル（石丸コーチ）の意見もこれまで以上に求めるようになっていたし、田坂（前山雅コーチ）のときもそう。監督経験のある彼らには彼らの目線があるから、それはそれで勉強になったよ。

——来季は再びJ1ということで、県内での注目度がまた高まるかと思いますが？

山雅もスクールをかなり拡大しているよね。北信はちょっとアンタッチャブルだけど南信はそうじゃないから、そうやって広がっていけばいいと思う。特に、J1に上がると目線もこっちに向かうから。例えば今山形にいる西村竜馬は伊那市（高遠）出身でアルビレックス（新潟）のユースに行っちゃったわけでしょ。あとは前橋育英に行くとか、そういう流出をさせないでしっかりここ（県内）でできるような環境になってくればいいと思う。

——最後に、一緒に戦ったサポーターへのメッセージをお願いします。

苦しい時期も楽しい時期も一緒に過ごすことができたのは本当にうれしく思っている。（第4節岡山戦を）山梨中銀スタジアムでホームと銘打ってやったじゃない？あのとき、あんなにたくさんお客さんが入ってくれるとは思っていなかったんだよ。あっち側のゴール裏がいっぱいになるのはヴァンフォーレ

（甲府）のホームゲームでもない光景だからね。なかなか勝てていない時期だったのに、遠くまで来て応援してくれているんだな…というのは本当に感じた。そういう中で（岩上）祐三が同点ゴールを決めたのも、まさにそういうことがエネルギーになったんだろうな。

Talk of a Soldier of Gans and Corazon

セルジーニョ × 飯尾和也

自分が山雅のスタイルに慣れたことで チームのプラスにもなれたと思う

SERGINHO

和也　さあ、今回はシーズン総括の対談でセルジーニョ選手に登場してもらいます！加入2年目でチーム最多の11ゴールを挙げただけでなく、前線からの守備でもチームに貢献してくれました。まずは1年間お疲れさまでした！疲れたでしょう？

セルジーニョ（以下セルジ）　すごい疲れた…（笑）。（※日本語で）

加入2年目 自身と向き合って11ゴール

和也　だよねえ。体はもちろんだけど、精神的にも疲れたんじゃない？

セルジ　そうですね。シーズンは長いので心身ともに疲れたし、あとはチームも自分も調子のいい時と悪い時の波がありますから。ただ、目標が達成できてそういう苦労が全部報われたんだと思います。

和也　加入2年目で2ケタ得点にも乗せたし、去年の1シーズンで日本に慣れて今年に向けた手応えはあったのかな？

セルジ　1年目よりは選手たちのことも知っていたし、どういうクラブかもどういうサッカーをするかもわかっていて慣れていたので、全てがやりやすかったです。

和也　11ゴールを決めたけど、その中で印象深かったゴールはあるのかな？

セルジ　（第34節熊本戦の）オーバーヘッドですね。自分のキャリアの中でも初めてだったんですよ。

和也　身体が勝手に動いた感じだったんだっけ？

セルジ　そうです。ゴールが自分の真後ろにあったのもわかっていたしターンも誰かに落とすこともできなかったし、トラップした瞬間にこれしかないと思ってやりました。

和也　挙げたゴール1つ1つにすごく意味があると思うしそれで勝ち点を引き寄せた試合もたくさんあるだろうけど、やっぱりあのゴールは自分にとっても印象深かったんだね！あとは特に攻撃の選手にとって、前線からの守備に慣れるのが大変だったと思うんだけど、その辺はどうなのかな？

セルジ　おそらく自分だけじゃなくて、前線の選手は全員がそういう気持ちでいると思います。ただ、ストレスは抱えながらもやらないといけないし、それをやらないと試合に出られませんから。それが山雅スタイルなのでやるしかないし、全員がやっているし、1人がサボるとその時点でその選手は試合に出られません。自分はベンチに座っているのが嫌いだし試合に出たいから、やるしかないですね。自分が山雅のスタイルに慣れたことでチームのプラスにもなれたと思うし、前線からしたら大変な作業だけど結果的にそれがうまくいっているので、それがこのＪ２というリーグを勝ち抜く上で必要な要素だったのかなと思いました。

和也　守備で走り続けていると攻撃に影響が出るのもしょうがないとは思うけど。ブラジルとはまた違ったんじゃないかな？

セルジ　ブラジルは1人ひとりの個性が強くてそれを見せるサッカーと思われがちなんですけど、自分はブラジルでもしっかりディフェンスをしていました。だから、日本でもしっかりなじむことができたんだと思います。ただ、試合中のコントロールは必要ですよね。ずっと間違ったプレッシャーをかけすぎても攻撃にならないし、賢くディフェンスをやることが必要だと思っています。こういう戦術とかプレースタイルとかを前半の最初の時間帯だけ出すことは簡単だけど、それを90分続けるのは不可能に近いので、試合中にコントロールしないといけません。「90分やれ」と言われるしもちろんその努力はしますけど、最初にやらずに最後でやるわけにもいかないから、そういうスタイルで戦って先制点を取ってあとは守りを固めて…とか、いろいろ考えながらやっています。今年はそういう部分もうまくコントロールできました。去年1年間で自分のことをよく知ることができたので、それを踏まえて「どうしたら1シーズンをフルで戦えるか？」と考えたときにコントロールが必須だと思っていました。それができたのがよかったです。

和也　うんうん。まあ理想を言えば90分間フルパワーで…ということではあるんだけど、力の入れ方とか、配分がよくなったんだろうね。

セルジ　飯尾さんが言ったように正しいプレッシングとか正確な判断をしないとムダに走ってしまうことになるので、そうすると1試合フルには（体力が）もたないです。走力はサッカーにおいて非常に大事な要素ですけど、ピッチの中で相手を分析する力とか視野の広さも大事だと思っていますから。

和也　走り続けられればいいけど、なかなかそうはいかないもんね。でもセルジは、それプラス得点を奪うっていう部分でも結果を出しているじゃない。それだけ守備をして最後のところでクオリティーを出せているというのがすごいと思うけど？それに最終節の途中交代だって、プレスバックをしたところでケガしてしまったわけだし…。

最終節の途中交代は「名誉の負傷」

セルジ　それもそのとき、自分でも思いました。オートマチックに体がプレスバックしたので、（ケガを）避けることができませんでした。「行こうか？」「行かないでおこうか？」って迷ってプレスバックしてケガをしたら後悔したかもしれないけど、山雅に来て2年目の最後の試合で体が勝手に動いてやり通したことなので、自然の流れでのケガです。何を言っても言い訳になっちゃいますけど、周りも頑張っているのでしょうがないかなと思います。

和也　守備も頑張っているんだ…っていうことを象徴するような感じだったよね。

セルジ　そういう風に自分でも考えています。チームに貢献するために走ってその結果としてケガをしたので、あまりネガティブに考えてはいません。

和也　プレーオフに行っていたらケガがストレスになっていたかもしれないし。

セルジ　プレーオフに回っていたらみんなにとってイヤでしたよね…きっと。ずっと上位に食い込んでいて最後の最後にプレーオフ圏内に落ちたらメンタル的にもやられてしまうしモチベーションも下がるので、うまく行っていなかったと思います。

和也　ケガをしたときの心境はどうだったの？

セルジ　最後まで出場したいという気持ちがあったので、自然と涙が出てきました。アシストかゴールか何かしら目に見える形でチームに貢献したかったです。でもこれが運命なので仕方ないし、誰がゴールを決めていたとしても同じように喜んでいたと思います。

和也　でも優勝が決まった後、最後のダンスはキレッキレだったじゃん（笑）。

セルジ　まあ元々ダンスが好きなのもありますし、片足でしたけど（笑）。

和也　ブラジルだと普段から、ああいう感じで陽気に踊ったりしているの？

セルジ　そうですね。パーティーとかが多めの国だし、音楽が流れているイメージ通りの国なので、そうすると自然とダンスが始まります。サッカーと音楽っていうのもリズムが合うし、そういうリズム感って大事なのかなと。だからブラジル人は楽しそうにサッカーをするんじゃないかと思います。

和也　うんうん、なるほどね。ちなみに、ブラジルに帰国したら何をするの？

セルジ　まずは治療ですね。あまり重傷じゃないので無理をしないで治療に専念しつつ、ブラジルを満喫してリフレッシュします。ずっと動かずに止まっているのもよくないだろうし、ブラジルでも自分のことを応援してくれる人はいるので、そういう友だちのところに顔を出したりしたいと思っています。自分たちが1年間どうして頑張るかというと、なるべく早く帰りたいというのもありますから。「しっかり優勝してしっかり帰れるように」って（笑）。だから、最終戦は全てを捧げたつもりです。早く帰りたいのもそうだしクラブの歴史が変わる初タイトルというのもそうだし、ブラジルの家族に会いたいのもそうだし。いろんな理由がありました。

和也　家族は何回か日本に来ていたよね？

セルジ　お父さんも友だちもはとこも来ました。みんな日本が好きになって「住みたい」って言ってくれています。そもそも昔から、日本って自分たちからしたら憧れの国なんですよ。だから自分が周りの人を日本に連れて来ることができてすごくうれしいし、みんな喜んでくれています。ブラジルに住んでいると海外旅行をするのが難しいんですけど、日本に自分がいることによって他のみんなは来ることができます。なので、親戚とか好きな人には日本に来るという経験をしてもらいたいと思っています。

和也　なるほど。じゃあ次は家族とか周りのみんなにＪ１の景色を見てもらわないとだ。ちなみにセルジ自身はＪ１のイメージっていうのはあるのかな？

セルジ　いや、ほとんど見ていないです。1年中サッカーをしているので、あまり試合を見るのは得意じゃないんですよ（笑）。映画とか音楽とか自分の試合は見ますけど、サッカーは見ないですね。ただ、毎試合自分のプレーを見て反省点とかを自分の中で考えて「次の試合はこうしよう」というのは必ずやっています。

帰国後は 山雅のサポーターを周囲に自慢

和也　前回山雅がＪ１だった２０１５年はセルジ自身いなかったから知らないと思うけど、Ｊ１で山雅というチームが勝つために必要なことはどう感じているのかな？

セルジ　Ｊ１は単純にレベルが高いですよね。ブラジルでもそうですけど、２部から１部に上がったチームは選手を総入れ替えしたり１部で経験のある選手を何人か入れたりして、それがベースになってきます。生き残るためには選手の質をさらに上げていかないといけないと思います。

和也　Ｊ２とは全然違うしね。

セルジ　今でも松本山雅には非常にいい選手がたくさんいます。でも自然の流れで能力のさらに高い選手を獲得しないと生き残れないので、現実を見ながら前に進まないといけないと思います。

和也 そうだね。その中でセルジ自身も存在感を発揮してほしいと思うよ！ブラジルに帰ったらシュラスコでも食べたい？

セルジ シュラスコももちろんそうだけど、一番は家族に会って自分を応援してくれる人に会って土産話をたくさんしたいなと思っています。試合の動画を見せたり、「うちのサポーターがこれくらい素晴らしいんだよ」とか…そういう話をしたいです。

和也 じゃあアルウィンを見せてあげたいね。あと、トレーニングはどうするの？ブラジル人ってオフに帰国するとすごい太って帰ってくるパターンをよく見るんだけど（笑）。

セルジ そういうイメージはまだありますけど、それは意外と過去のものなんですよ。今はほとんどの選手が「日本にいるチャンスをムダにしたくない」と考えているので、太って帰ってくる選手は少ないです。もちろん、自分も気を付けながら過ごしています。サッカーが仕事だし、それで生活をして家族を養っているし、ほかにできることがないので（笑）。家族を養うためにはサッカーの優先順位が一番です。ブラジルも今はそういうところがすごく変わっていてパーソナルトレーナーのニーズも高まっているし、ほとんどの選手がつけています。日本にはブラジルの最新情報が入ってこないのかもしれませんけど、オフ期間になると全選手がちゃんとやっているんです。そういう意味ではブラジルのベースも上がっているしイメージも変わっているんじゃないかと思います。サッカーとかバレーとか、ほとんどの球技で意識改善が進んでいますよ。

和也　おお、そうなんだね！

セルジ　サッカーを仕事にできているということ自体が幸せです。でもベンチに座っているだけなのは自分の中で納得いかないので、自分に対して厳しくやっているつもりではあります。試合に出ていればプレーで見せることもできるし、自然と評価も上がっていくのかなと思います。

和也　うんうん、頼もしいよ。じゃあ最後に、応援してくれたサポーターにメッセージをお願いします！

セルジ　まずホームでもアウェイでもたくさんのサポーターが来てくれることに

対して感動しているし、一番は感謝しかないです。1年目の新体制発表会で「山雅で単なる1人の助っ人外国人にはなりたくない。山雅の歴史に名を刻みたい」と言いましたけど、それを達成できて満足できている部分もあります。ただそれもサポーターの力なくしては成し遂げられなかったことなので、本当に感謝しかありません。

和也　うんうん。

セルジ　あとは奥さんとか息子がサポートしてくれるのも、自分にとって山雅で気持ちよくサッカーができている要因です。来年も山雅のサポーターは非常に温かいので応援してくれると思っています。

和也　さらなる声援に応えられるよう、さらなる活躍を期待していますよ！ありがとうございました！

セルジ　ありがとうございます！

頂から見えた絶景

「大分、引き分け！」

記者席で、斜め後ろの南テクニカルダイレクターが叫んだ。

「町田も引き分けた！」

通路を挟んで右隣の鐵戸アンバサダーも追随する。

「優勝だ！」

頭の中で、感情が弾けたような音がした。

Road to the "TOP"
～2018シーズン総括～

編集長Column

誰とどれくらい握手をしただろう。誰とどれくらいハグをしただろう。選手もスタッフもサポーターも、その間に立つメディアも、誰もが満面の笑顔。スタジアムにはかつてないほどの幸福が満ちあふれていた。

頂から見えたのは、絶景だった。

実際にプレーした選手たちの歩みを、改めて振り返ってみよう。数字が示すのは極めて堅実なチームスタイルだ。34失点はリーグ最少で、2番目の東京Vより7も少ない断トツの数字。全42試合のうちクリーンシートが22回というのも目を見張る。前線からの猛烈なプレス、整理された守備タスク、そしてマークを離さないゴール前。反町監督は就任1年目から一貫して「失点の少ないチームが上に行く」と守備に重きを置いており、選手はそれをピッチで表現してみせた。

ただ、道のりは困難を極めた。そもそも「選手の持っている力を最大限引き出すのが一番いい戦術」と語る指揮官は今季、豪華なアタッカー陣がそろった編成を踏まえて2トップを模索していた。中でも、前田大の並外れたスピードとスプリント力を最大化しようとするところからチーム構築がスタート。モデルとしたのは、コンテ監督（当時）が率いていたチェルシー（イングランド）の3－1－4－2だった。

キャンプ中。アンカーに置いた藤田はカンテのような勤勉さで中盤を支えたが、攻撃はなかなかはまらない。1トップ特化型とも言える高崎は当時、「2トップ（の一角）だと相手のセンターバックにしっかりつかれる。手応えはないがやり続けるしかない」と苦悩。そのうち前田大がシャドーもできると判明したのに端を発し、反町監督は従来の3－4－2－1にも含みを持たせるようになった。

それを実戦投入したのは、第2節新潟戦の60分。工藤とセルジーニョを同時投入して1トップ2シャドーとして一気に流れを引き寄せ、1点ビハインドからドローに持ち込んだ。「早い段階で、これが自分たちの形なんだと気付けたのがよかったと思う。『戻してしまった』のではなく『戻した』という受け取り方をみんながができているのが大きい」と飯田。以降は、慣れ親しんだこの陣形をベースとしながら戦っていくこととなった。

第9節・甲府戦のウノゼロ

陣形の問題は早期に解決したものの、シーズン序盤の課題となっていたのは終盤の失点癖。アディショナルタイムに2点を失った第6節山口戦が象徴するように、パワープレーに屈するゲームが目立った。第7節大宮戦も、勝ちはしたが3－0から2失点。続く第8節讃岐戦は、88分に同点ゴールを許した。結果論だが、この時点でシーズン総失点の32％に上る11失点。正直に告白すると、この時点ではリーグ最少失点を実現するなどとは想像もつかなかった。

しかし第9節甲府戦で1－0の白星を収め、ここからじわりと上昇気流に乗った。3バックはスピードのある橋内を中央に配置転換するなどマイナーチェンジを図り、飯田は右の守備に専念。左では浦田がエネルギッシュなプレーを見せていた。前線からの守備も機能し、以降は目に見えて失点が減っていく。近年では最も3バックのサイズが低かったが、191センチのGK守田がカバーするように果敢なプレー。夏の移籍期間で加入した今井も「松本山雅は守備のチーム」と、数々の約束事を頭に叩き込んで山雅のスタイルになじんだ。

この堅守こそが、土壇場でチームの拠り所になった。優勝と昇格を争うには一切の猶予も許されない残り3試合。いずれも無失点の2勝1分で切り抜け、最終的には優勝を手繰り寄せるカギとなった。集大成とも言えるのが、最終節の徳島戦。危なげなく乗り切り、ゲームキャプテンの橋内は「(前線と最終ラインの)互いの信頼感がないとできないサッカーだし、全員攻撃全員守備が自分たちのストロング。きょうも最後は相手に流れが行きかけたが、『危ないピンチってあったかな?』という感じ。0－0だったがいいゲームだったと思う」と胸を張る。全員が一丸となった守備は、まさに〝鉄壁〟という表現がふさわしい。

無私の精神。一丸の松本山雅FC

そしてシーズン中は、何度となく「チーム一丸となって」という言葉を聞いた。山雅はJ

2の中で決して規格外の戦力を擁しているわけではない。だからこそチームとしてまとまることが重要なのは明白。口で言うのは簡単だが、それを体現するのは容易ではない。だが、今季はまさに「無私の精神」でチーム一丸となっていた。象徴的なプレーヤーを2人挙げていきたい。

まずは誰もが脳裏に浮かべるであろう田中。チーム最年長36歳だが、キャンプもシーズン中も練習をただの1コマさえ欠けることなく消化した。それもただ出るだけではなくフルパワーで取り組み、先発を外れていた時期は居残りでクロスやシュートの練習に汗を流した。そもそも、ピッチでプレーできるのは限られた人数しかいない。プロ選手たるもの、誰もが試合に出て自らの価値を高めたいと願っている。その中で、出られていない選手がモチベーションを維持するのは並大抵のことではない。

ましてや田中にとっては、ケガでも病気でもないのに試合に出られないのはプロ18年目にして初めての試練だ。サブメンバーには入っているから、アウェイの遠征には帯同する。いつ出番が回ってきてもいいように100%の準備をするが、ほとんどの場合その機会は訪れない。そして陸路ならバスで深夜に帰宅して、翌日の練習試合でアピールしなければいけない。リカバリーを終えて休めるスタメン組とは違い、オフの時間は少ない。

だが、田中は事も無げに言う。「俺から言わせてみたら、くさったりしていたらサッカー人生は終わってしまうし、そこまでの選手だと思う。くさらなかったのを見て『すごいな』と思うのもちょっとおかしい。確かにそういう選手はたくさん見てきたけど、自分にとっては普通のこと」。その〝隼磨スタンダード〟が普通ではないからこそ、歳を感じさせないパフォーマンスを披露できているのではないだろうか。

そして第41節栃木戦。決して足踏みの許されない終盤戦の大一番で、72分に決勝弾を挙げた。「（ボールが目の前に）こぼれてきたのは本当に運も味方してくれたけど、何もしていない人に運は転がってこない。試合に出られてなくて苦しい思いをしたときのことを思い出した」と、全身で喜びを表現した。何よりも雄弁なこの背中が、チームに確かな一体感を生んだのは間違いない。実際、スタメンに定着していた選手を含めて何人もがその名を挙げていた。

もう1人は村山だ。ＧＫは４人中１人しか出られない特殊なポジションで、自身は左膝半月板損傷が癒えて復帰してゼロからのスタート。ベンチにも入れない時期に話を聞くと、「オペの当初は本当に戻れるのか不安な状態だったけど、いろんな人が関わってくれたおかげ。

1人でサッカーをしているんじゃないと改めて気付いた」とコメントした最後に「でも、（試合に）出たいけど」と本音をのぞかせていた。

そして守田の大分戦での負傷に伴い、第40節東京V戦で出番が回ってきた。「試合に出られなかったのは難しい時間だったけど、その中でもやらなきゃいけないことはプロである以上はある。そこで変な雰囲気を出してもチームの目標を達成できなければ意味がないので、自分なりに消化してやるべきことをしっかり考えて行動してきたつもり」と獅子奮迅の働きぶり。残り2試合も無失点でシャットアウトし、J2優勝に大きな役割を果たした。

試合に出ている選手にスポットライトが当たるのは当然の成り行き。だが、そうでない選手が人知れず流してきた汗にさえ、一滴のムダもないのだ。

だからこそ、その名がスタンドから湧き起こった。

「永井！永井！」

ピッチを1周し、ゴール裏で銀色に輝くシャーレを掲げる永井。少しだけ、ためらいもあったかもしれない。自身は相次ぐケガに泣かされて24試合3ゴールに留まったからだ。

だが、誰もが知っている。第25節アウェイ大宮戦で数的不利の1点ビハインドから奇跡的な白星を導き出したのはこの男だと。その勝ち点3がなければどうなっていたのか、想像するだに恐ろしい。

1月13日の新加入選手記者会見で「去年はグランパスでJ1昇格を決めたが、自分にとって納得のいく昇格ではなかったのでシャーレは触らずにスルーした。今回は納得のいくJ1昇格をしてがっちりシャーレをつかんで掲げたい」と公言していたストライカー。個人成績を見れば大満足とは言えるはずもないが、その力なくしてシャーレはなかった。

「厳しくて悔しいシーズンではあったが、自分がやれたこと、チームに貢献できたことに変わりはないので自信は持っている。自分的にはまだまだだと思っているが、最低限のところはできているのかなと納得はしている」

山雅が挙げた勝ち点は77で、2～4位の3チームは76の得失点差で順位が決まった。まさに「天国と地獄」。そう考えると、山雅が地道に積み上げてきた勝ち点は1つひとつに大きな意味がある。勝ち点1や得失点差に泣いてきた山雅が、ようやくここで「勝ち点1の重み」を表現できたと言えるだろう。

チーム最多11ゴールのセルジーニョをはじめ、ともに7ゴールの前田や高崎の貢献度が高かったのは言うまでもない。藤田は中盤で八面六臂の活躍を果たしたし、石原は左サイドで一回り成長したプレーぶりを存分に披露。岩上は正確なキックで何度となくチャンスメイクをした。

だが、要所で「名脇役」が大きな仕事をしてきたのが今季の山雅だ。

鮮明に思い出せるのは、第32節福岡戦。アディショナルタイム1分、自陣で得たFKを岩上が大きく蹴り出すと、ジネイがヘッドを決めて劇的な決勝弾。それまでの90分間はピンチが多く、「勝ち点1でも取れれば」という形勢の中で試合を動かした。この2人はともに途中出場。特定の選手に依存しすぎず、誰もが日替わりでヒーローになるような理想的なチーム内競争ができていた。これで得た勝ち点3も、数字以上にとてつもなく大きな意味を帯びていた。当時のジネイのコメントを、今一度思い返してみよう。

「ブラジルに帰る1日前に松本山雅が拾ってくれた恩を返せてうれしい。毎回言っているがチームが勝つことが自分の中では一番。みんなで取った勝ち点3。みんなで取ったゴールだと自分では認識している。自分がヒーローという感覚は一切ない。チームで勝ち取った1点だし、チームで取った勝ち点3。みんながヒーローだと思っている」

当時加入後間もなかったブラジル人FWの語った言葉が象徴するように、山雅は誰もが無私の精神を持って他人を立てる。J2初制覇が決まった歓喜のスタジアム。セレモニーで選手会長の村山は「エプソンをはじめとするスポンサーの皆さま、松本市をはじめとするホームタウンの皆さま、きょうお集まり頂いたファンサポーターの皆さま、支えてくださったチームバモスの皆さま、昇格、優勝、おめでとうございます」と切り出した。

その前に話した神田社長も、橋内も同様だった。思えば4年前にも、飯田が「おめでとうございます」と祝福したのを記憶している。本来、それを言いたいのは見ている側なのだが。

進化した山雅スタイルで「トップ15入り」を

クラブの近代史をひも解くとわかるように、山雅はサポーターをはじめとする多大な熱量が原動力となってきた稀有な市民クラブ。熱心に支えて後押しをしてくれる人々のために選手は走り、スタッフは労を惜しまず仕事に没頭し、クラブの社員たちも東奔西走する。その意味では選手やスタッフだけでなく、山雅にまつわる誰もがシャーレを掲げる権利を持っているのだろう。実際に神田社長はシャーレをゴール裏のサポーターに渡したし、その後は裏方としてホームゲーム運営を支えたチームバモスにも回ってきた。

全員のエネルギーが結集して果たされた〝全緑、登頂〟。銀色のシャーレはまさに、その結晶に他ならない。そして来季、山雅は8年目を迎える反町監督のもとで2度目のJ1に挑む。2015年に体感した厳しさはもちろん大きな財産だが、外国人枠が拡大した来季はさらなる「異次元」が待ち構えているかもしれない。だが今度こそ、進化した山雅スタイルで「トップ15入り」を成し遂げてもらいたい。

あとがき――「さらなる頂」へ

２０１８年のＪ２リーグ最終節が行われ、松本山雅ＦＣの優勝が決まったのは11月17日。松本山雅ＦＣプレミアムだけでなく、各種媒体で「Ｊ２優勝」「Ｊ１昇格」というワードは何度となく書いてきた。だがありがたいことに原稿が多すぎて自宅のデスクでパソコンに向き合う時間がほとんどで、街なかの盛り上がりぶりなどを通じて自分自身が「優勝」を実感できることは皆無に近かった。

それはさて置いても、シャーレには実際の重量以上の「重み」があるものではないだろうか。過去のＪ２覇者が掲げ、今回初めて松本の地にやってきた栄光の証。それを思うと、先人が積み重ねてきた歴史と２０１８年の山雅が成し遂げたことの偉大さがまた一段と痛感できるというものだ。シャーレはその後、トロフィーとともにキャラバンでホームタウンの7市町村を回る。サポーターが主役の市民クラブらしい企画と言えるだろう。

２０１８年シーズン、どんな歩みを進めて登頂に至ったのかはこの書籍で伝えられたのではないかと思う。それは、まさに波乱万丈という言葉がピッタリと当てはまる。今までのシーズンと同様に、もしかするとそれ以上に、簡単な試合は1つとしてなかった。最終節はスコアレスドローだったものの、3試合連続のクリーンシートで優勝が決まったというのも実に山雅らしいと言えるのではないだろうか。どのように守り、どのように攻め、どのようにＪ２の頂へと上り詰めたのか。緑の友と歩調を合わせて栄光をつかみ取ったシーズンは、何度思い出しても「感無量」だ。

ただ、神田文之社長が言ったように、「さらなる頂」への思いがむくむくと湧いて出てきたのも正直なところだ。翌週に川崎フロンターレが掲げたＪ１のシャーレはやはり、装飾も含めて別格。掲げると同時に紙吹雪やテープなどの演出もあればなおいい。横浜アリーナで開かれたＪリーグアウォーズを取材してもやはり「Ｊ１の祭典」という印象が強く、この場にチーム全員が集まる未来こそ山雅が次に目指すべきものだと強く感じさせられた。

そして２０１９年シーズン、山雅は4年ぶり2度目のＪ１を戦う。文中にもあるように、トップリーグはやはり異次元の世界。苦戦を強いられることは間違いないだろう。8年目の指揮を執る反町康治監督がスタイルを一変させる可能性は極めて低いし、これまでの蓄積プラスアルファをさらに洗練させて挑むことになるはずだ。もちろん「トップ15入り」を果たしてもらいたいのが本心だし、松本山雅ＦＣプレミアムが再び書籍化されるようなシーズンになることを祈っている。ただ結末がどうあれ、クラブとサポーターに寄り添い続けていくつもりだ。

松本山雅ＦＣプレミアム編集長　大枝 令

著者プロフィール

大枝令

1978年、東京都世田谷区出身。早大卒後の2005年から長野県内の新聞社に勤務し、08年以降はスポーツ専属担当。松本山雅ＦＣの取材は2009年の全国地域リーグ決勝大会前後から始め、ＪＦＬ昇格を目の当たりにして様々な可能性を見出す。15年に退社してフリーランスのスポーツライターとなり、16年から松本山雅ＦＣプレミアム編集長を務めている。山雅の取材活動に軸足を置きつつ、甲信地方の各種スポーツも幅広く手がけている。

飯尾和也

1980年、東京都練馬区出身。U-16～19日本代表。ヴェルディ川崎の育成組織でプレーし、99年にトップ昇格。その後ベガルタ仙台などを渡り歩いて2005年にサガン鳥栖に加入。6年間プレーし、主将や選手会長も務めた。11年に横浜ＦＣへ移籍し、同年夏から現役引退の14年まで松本山雅ＦＣでプレーした。ポジションはセンターバック。Jリーグ通算316試合出場。現在は松本に拠点を置き、パーソナルトレーナーや解説業などを務める。

全緑登頂

松本山雅FCプレミアム
2018シーズン総集編

2019年1月28日　初版第1刷発行

著者　大枝令、飯尾和也
発行者　山田泰
発行所　株式会社スクワッド
〒150-0011東京都渋谷区東１丁目26-20東京建物東渋谷ビル別棟
お問い合わせ 0120-67-4946
編集　スクワッド
デザイン　鈴木彩子
写真　松本山雅FC
カバー写真　J.LEAGUE PHOTOS
印刷　凸版印刷株式会社

ISBN 978-4-908324-28-4